選ばれるブランディング・選ばれないブランディング

企業ブランド力
向上の鍵を握る
「舞台裏」

荒木洋二 著

セルバ出版

はじめに

知られたいのか、選ばれたいのか

企業は市場で事業を営み、社会の中で存在しています。そんな企業と市場、社会をつなぐものは「情報」です。情報がなければ、企業は市場とも社会ともつながることはできません。企業にとって情報を発信することは宿命とさえ言えます。では、何のために企業は情報を発信するのでしょうか。知られたいからでしょうか。それとも選ばれたいからでしょうか。

答えは明らかです。どんなに知られても、選んでもらわなければ、企業は成長できないし、存続することもできません。社員や求職者から、顧客や市場から、取引先や業界から、株主や投資家から、地域社会から選んでもらうことで生き続けることができるのが企業です。どんな企業も会社そのものや製品・サービスを選んでもらうために情報を発信しているのです。最終的に選ばれたいから、さまざまな手法を駆使して情報を発信し続けているのです。

企業はマーケティングやブランディングの名のもとに日々情報を発信しています。ウェブサイトを洗練されたデザインできれいに着飾り、ＳＮＳを縦横無尽に使いこなしながら多彩なコンテンツを矢継ぎ早に発信しています。サービスや採用のＬＰ（ランディングページ）を開設し、オウンドメディアも展開しています。しかし、これらの活動も選ばれることにつながらなければ、どうしようもありません。

読者の皆さんの会社もブランディングの名のもとにさまざまな施策を実行していることでしょう。果たして、それらが「選ばれるブランディング」なのか、「選ばれないブランディング」なのか。検証してみる必要があるのではないでしょうか。

企業にとってのブランディングの現在地

近年、日本の企業社会では、「ブランディング」という用語が日常的に使われています。今は、かつてのような「ブランド＝商品」というより、企業・組織そのものをブランディングする、という文脈で語られるのが主流です。大企業・上場企業だけでなく、スタートアップや中小企業でも日常的によく使われる言葉になったと実感しています。

ただ、スタートアップや中小企業の経営者、企業人たちが日常使っているブランディングの意味は実にさまざまです。「有名になること（＝知名度）」だったり、「（ウェブサイトなど自社媒体を）きれいに着飾ること（＝デザイン）」「ロゴやスローガンをつくること」だったりすることが大半です。企業ブランドについても同様です。企業の印象、イメージとブランドは明らかに違います。しかし、イメージと大して変わらない意味合いで使っていることが少なくありません。

つまり、ブランディングは本来の位置からずいぶん遠く離れたところに追いやられてしまっている、と私は見ています。気ままに適当に扱われ、不遇な立場に陥ってしまっているのが、ブランディングの現在地だといえます。

ブランディングとは心に焼き印を刻むこと

では、そもそもブランディングとは何なのでしょうか。何をどうすればいいのでしょうか。企業におけるブランディングの本質とは何でしょうか。

結論を述べると、自社の魅力を相手の心に焼き印することです。「ブランド」の語源は家畜の焼き印です。心に焼き印を刻むことがブランディングの本質なのです。心に焼き印が刻まれることで、刻まれた人々にとって企業は忘れられない、なくてはならない存在になり、その結果として人々から選ばれるようになるのです。

つまり、選ばれるためには、真のブランディングが欠かせないのです。ブランディングを冠した施策を行ったとしても、選ばれることにつながらないのであれば、それはブランディングとは言えません。「選ばれないブランディング」はもはやブランディングとは言えません。ブランディングに失敗しているということです。

「情緒的価値」と「舞台裏」と「人的魅力」

本書で伝えたいことをより深く正確に理解してもらうために、プロローグの場を借りて、本書で扱う重要な用語・言葉の意味することや互いの関係について整理しておきたいと思います。つまりブランディングを理解し、実践するためにも重要な用語・言葉として「情緒的価値」「舞台裏」「人的魅力」の3つを挙げます。この3つの意味することや互いの関係について、まず解説しましょう。

企業におけるブランディングの本質とは

ブランドの語源＝家畜の「焼き印」

企業ブランディング→自社の魅力を心に「焼き印」

第1章で欧州有名ブランドと日本の老舗企業の決定的な違いについて説明しています。何が違うのか、どこで差をつけられているのか。簡潔に言えば、商品やサービスの機能ではなく、「情緒的価値」で圧倒的な差があるのです。実はブランディングの成否、つまり選ばれるか、選ばれないかは「情緒的価値」を形成できたかどうかが決定的に重要なのです。

「情緒的価値」を形成するためには、自社における情緒的な側面の情報が相手にしっかり伝わっていなければなりません。情緒的な側面の情報が伝わることで選ばれるのです。「選ばれるブランディング」を実践した成果として、「情緒的価値」が形成されるのです。では、企業における情緒的な側面の情報とは何でしょうか。そんな情報はどこにあるのでしょうか。

いわゆるコーポレート・サイト（企業ホームページ）では、重要な情報であることは間違いないのですが、淡々と事実がただ並べられているに過ぎません。メールマガジンやネット広告などで配信される情報の大半は、製品・サービスの名称やその機能、キャンペーンの告知などです。機能的な側面の情報ばかりです。視覚的に目立つ画像やデザインが情緒的な側面の情報なのかと言えば、人々の感性を刺激するという面はありますが、肝心な情報が欠落しています。

一方、体験という側面で見てみますと、私たちは日々さまざまな会社の商品・サービスを購入・利用したり、その会社の一部（あるいは特定）の社員たちとリアルかオンラインかを問わず、接したり交流したりしています。これらの体験は当事者間で完結しています。体験したことを口にしたり、書き残したりしない限り、その場で消費されるだけです。誰もが容易に接することができる状態で保存・蓄積しなければ、誰にも伝わらないし広がりません。そもそも情緒的な側面の情報として成り立ちません。

「選ばれるブランディング」により「情緒的価値」は形成される

このように情緒的な側面の情報のほとんどは、なかなか表には現れてきません。表面からだけでは窺いしれない、容易に知ったり接したりすることができない企業の裏側、つまり企業経営の「舞台裏」にこそあふれているのです。情緒的な側面の情報が存在している「場」が「舞台裏」ということです。

「舞台裏」に存在する情報とは、どんな情報なのか。いくつか例を挙げてみます。創業までのストーリー、開拓のために奔走するリーダーの歩み、商品やサービスの開発秘話、品質向上にこだわり挑戦する姿、社員たちの最前線における数々の失敗談や成長エピソードなど、われわれ生活者の心を魅了する情報的な側面の情報が「舞台裏」にはあふれかえっています。一読して明らかなように、「舞台裏」には企業の「人的魅力」が蓄積・集約されているといえます。

すなわち「人的魅力」こそが情緒的な側面の情報なのです。企業に関わる人々の「人的魅力」を相手の心に焼き印することで、「情緒的価値」が形成されます。これがブランディングの王道、「選ばれるブランディング」なのです。

詳しくは第2章で解説しているとおり、生活者（＝私たち一般人）が企業のどんな事実や活動に魅力を感じるのかを調査した結果、「人的魅力」がトップ5の中で4項目を占めていました。この調査結果からも明らかなように、企業の「人的魅力」がしっかりと伝わることで「情緒的価値」が形成されるというわけです。

図にまとめてみますと、次ページのとおりです。

２０２３年12月

荒木　洋二

表舞台と舞台裏

表舞台

機能的な側面の情報（財務的・商品的魅力）

・会社概要・沿革・業績・実績
・製品・サービスの機能・性能

舞台裏

情緒的な側面の情報（人的魅力）

・創業までのストーリー
・開拓のために奔走するリーダーの歩み
・商品やサービスの開発秘話
・品質向上にこだわり挑戦する姿
・社員たちの最前線における数々の失敗談や成長エピソード

伝わることで価値が形成される

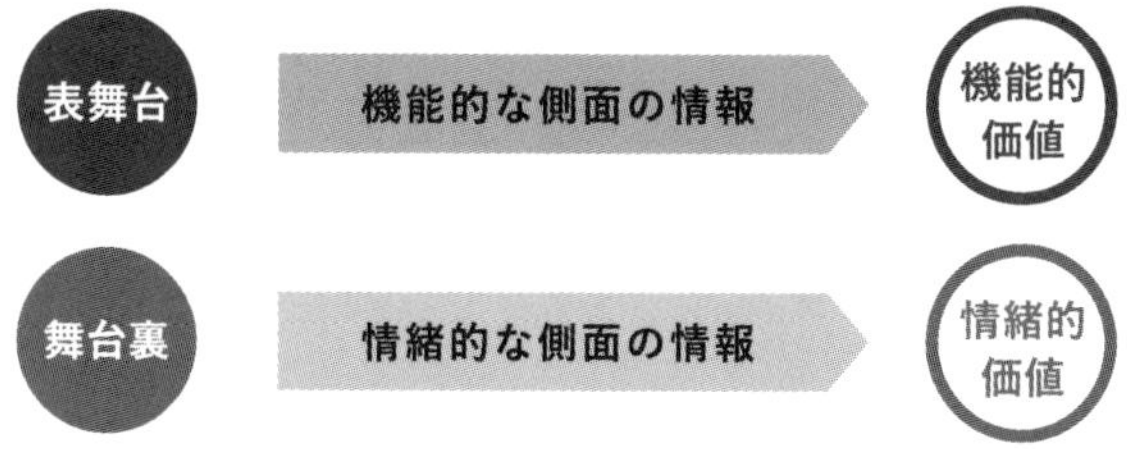

選ばれるブランディング

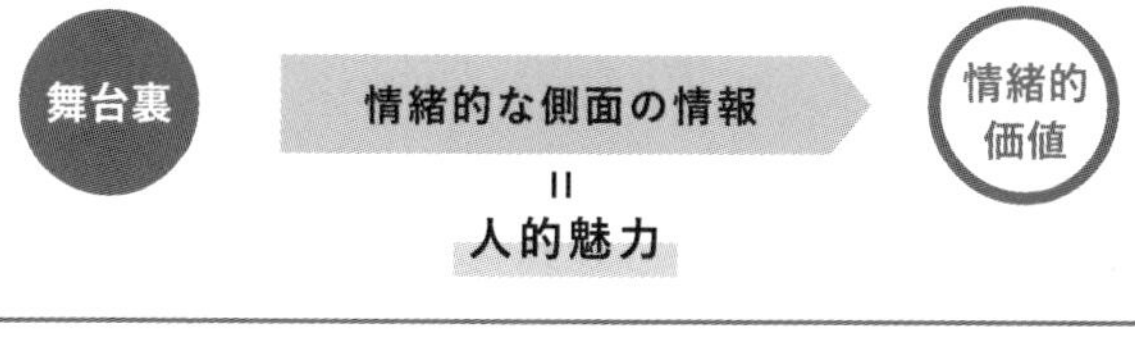

選ばれるブランディング・選ばれないブランディング　企業ブランド力向上の鍵を握る「舞台裏」　目次

第2章　「選ばれるブランディング」を知る

第3章 ブランディングに欠かせない「舞台裏」

第4章 「選ばれるブランディング」を実現する

第5章 自社で実現できる「選ばれるブランディング」

おわりに

第1章　ブランディングを成功させる秘訣

「舞台裏」を見せる企業・組織の実例

1．ブランドを構成する2つの価値とは

コロナ禍でも強かった有名高級ブランド

本書のテーマは「企業ブランド」です。どうすればブランディングできるのか、という多くの経営者、マーケター、広報に携わる人たちの問いに対する1つの「解」を示します。まず、企業現場において、どんなにふうにブランディングが行われているのかを実例を交えて紹介しましょう。ブランドが確立された企業は、時代や環境が変わったとしても周りの関係者から選ばれ続けています。

本章で紹介する企業・組織は、どれも自ら「舞台裏」を見せることで、選ばれる企業・組織へと成長を遂げています。老舗ブランドや大企業ばかりでなく、中小企業、歯科医院、地方のレストランなども取り上げます。「選ばれるブランディング」の神髄を垣間見てみましょう。

最もブランディングに成功している企業の代表といえば、間違いなく欧州の有名高級ブランド(=ラグジュアリーブランド）といえるでしょう。ブランド名を挙げると、ルイ・ヴィトン、シャネル、カルティエなど、誰もが知るブランドたちです。

ルイ・ヴィトンの創業は1854年、創始者のルイ・ヴィトンがフランス・パリに世界初の「旅行用トランクの専門店」を開店したのが始まりです。カルティエは1847年、ルイ=フランソワ・カルティエがフランスで創業、1853年にはパリに宝飾店舗を開店しました。いずれも創業者の

名前を冠する歴史ある老舗ブランドでもあります。

新型コロナウイルス感染症のまん延により、日本企業も大きな打撃を受けました。しかし、欧州の有名ブランドはしっかりと高額品で稼げているといいます。

ルイ・ヴィトンは、高級ブランド世界最大手のＬＶＭＨ（モエ・ヘネシー・ルイ・ヴィトン）傘下のブランドです。ＬＶＭＨは、２０２１年12月期の決算では売上高が約８兆２６００億円と過去最高を記録したほどです。なぜ不況でも強いのか、何が違うのか、その理由を探ってみましょう。

欧州ラグジュアリーブランドと日本の老舗企業の差

早稲田大学ビジネススクールの長沢伸也教授は、欧州の有名高級ブランドから日本の老舗企業までを研究対象としています。近年の著書として『カルティエ 最強のブランド創造経営：巨大ラグジュアリー複合企業「リシュモン」に学ぶ感性価値の高め方』（長沢 伸也：著・編集、杉本 香七：著／東洋経済新報社刊／２０２１年３月）があります。長沢教授は同書を出版後、『東洋経済ＯＮＬＩＮＥ』（２０２１年６月23日12時30分）のインタビューに答えています。

その記事の中で端的に、元は同じ地場伝統のものづくり企業であり、歴史の長さも変わらないのに、日本の老舗企業と欧州ラグジュアリーブランドではどうしてこんなにも差が開いたのか、何が違うのかを明らかにしています。

長沢教授はインタビューの中で「物を運ぶのがかばんの機能だとしたら、１０００円のトートバッグで事足りる。ルイ・ヴィトンの20万円のバッグは19万９０００円が機能以外の情緒的価値ともいえる。彼らは歴史、土地、人物、技術をブランド要素として最大限活用」していると機能以外の価値に注目しています。

続けて、日本の老舗企業に対し、「日本にも創業の思いや高い技術、卓越した職人など物語を持つ企業は多数あるのに、それをブランド価値にまで高めきれていない」と問題点を指摘しています。日本企業は歴史もストーリーもあるのに、それをまるで生かせていないことを嘆いています。

ブランドを構成する2つの価値

ブランドは、機能的価値と情緒的価値で構成されます。この両輪がそろわなければブランドを確立できない、ということは専門家や研究者の中ではよく知られたことです。自称「ナレッジキュレーター」の著作家・山口周氏は、20万部超の著書『世界のエリートはなぜ「美意識」を鍛えるのか？』（２０１７年／光文社刊）の中で興味深いことを述べています。世界的なベストセラーを引用し、事業の競争環境は機能の差別化から情緒の差別化へと移行しているというのです。論理的思考と理性から導き出す「正解」自体がコモディティー（均一・同質）化し、レッドオーシャンになっているため、今競争に勝ち抜くためには理性だけでなく感性が必要だと主張しています。ここからわかることがあります。長沢教授の著書タイトルにある「感性価値」とは、すなわち「情緒的価値」と同義語です。

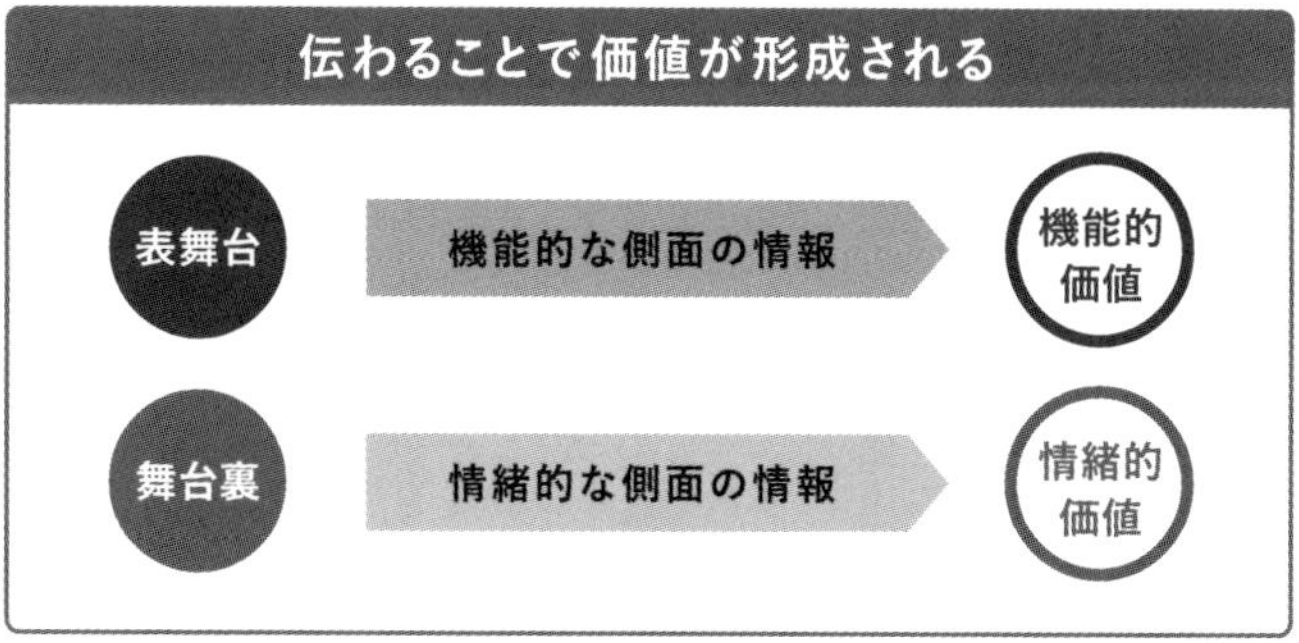

ラグジュアリーブランドは、はるか以前より感性を重視し、歴史、土地、人物、技術というブランド要素（経営資源）、つまり情緒的価値に注目し、じっくりと長い年月をかけて育んできたのです。

しかも長沢教授が言うには、カルティエは「自ら伝説をつくりにいった」そうです。「カルティエの時計で最も有名な『タンク』です。第一次世界大戦で戦功のあった戦車団に敬意を表してデザインし、司令官に贈呈した。『貴方の功績をたたえたい』と後出しでつくって、その逸話を伝説に高めている」と言います。

なぜ、日本企業はブランドを確立できないのか

日本企業は自らの歴史、土地、人物、技術についての発信力が弱いためにブランドを確立できていないのです。要は魅力が伝わっていないのです。

以心伝心は日本に古くから伝わる言葉であり、長らく日本人の美徳として捉えられてきた面があります。しかし対人コミュニケーションにおいて明らかになってきているように、心の内面、

思いは言葉にしなければ伝わりません。言葉を尽くしても伝わらないこともあるほどです。

同じく日本人の美徳として知られる「謙虚さ」がブランドの確立を妨げている、と長沢教授は前述の書籍で指摘しています。謙虚さ故に多くを語らないことは、すなわち発信力の弱さにつながります。魅力が伝わらないことの要因のもう1つは間違いなく謙虚さといえます。控えめに伝えることは自社に対する過小評価であり、価値が相手に認められないことにつながります。

まさしく企業の情緒的価値としての歴史、土地、人物、技術を伝えていないのですから、ブランドは確立できません。つまり、日本の老舗企業はブランディングに取り組んでこなかった、ということです。価格帯も欧州の有名ブランドと比較して、著しく低い状態を自ら甘んじて受けてしまっています。情報発信に決して消極的だったわけではありませんが、「選ばれないブランディング」しか行ってこなかったのです。

情緒的側面の情報を発信することがブランド確立の近道

第5章ではトヨタ自動車のニュースルームと『トヨタイムズ』での発信内容から、ブランディングの本質を読み解きます。トヨタ自動車は企業ブランドを確立するために、ニュースルームと『トヨタイムズ』という場を設け、自社の魅力、つまり情緒的側面の情報を日夜発信し続けています。情緒的価値（感性価値）を高めるため、実に丁寧に地道に情緒的側面の情報を伝え続けています。

現在の日本では、とかく「売らんかな」の思いが先行してしまい、機能的側面の発信ばかりに躍起になっている企業は少なくありません。欧州ブランドがなぜ高級ブランドへと変貌できたのか。長沢教授の分析や指摘に耳を傾け、もっと情緒的側面の情報を発信することこそが、実はブランド確立の近道であると認識すべきではないでしょうか。

2. 工場見学が人気な理由

製造工場の見学でものづくりの「舞台裏」を体験

次にものづくり企業におけるブランディングを確認してみましょう。

「工場見学」はものづくり企業の「舞台裏」を体験できる場です。どうやって製品がつくられているのか。例えば、どんな装置が配備され、どんな原料が使われ、どんな過程を経て、製品となるのか。工場を訪れ、社員の説明を直接聞き、施設内を歩きながら1つひとつを体感していくのです。

私は神奈川県横浜市に20年以上在住しています。一男二女に恵まれ、子どもたちはいずれも同市内の公立小学校に通っていました。子どもたちは小学4年生のとき、横浜市鶴見区にある森永製菓の鶴見工場を、授業の一環として社会科見学で3人とも訪れています。

同工場では「ハイチュウ」というお菓子を製造しています。私の妻が鮮明に覚えていたことがありました。長男が見学に行ってから、すっかり「ハイチュウ」のファンになったのです。どうやってつくられているのかを熱心に解説していたそうです。私もそんな長男の姿が記憶にあります。当時、しばらくの間、わが家では「ハイチュウ」が常備されていました。人は「舞台裏」に触れるとファンになるということです。

改めて、森永製菓のウェブサイトにアクセスしてみたところ、「工場見学」ページが設けられていました。同ページには次のように書かれていました。

「お菓子づくりの現場から『ものづくり』を学ぶ森永製菓では、教育活動にもさまざまな支援を行っています。製造工場の見学は小中学生の課外授業の場に加え、地域の子ども会や親子見学の方々にも幅広くご来場いただいています」（原文のママ）。

子どものためにバーチャルでも工場見学を展開

子どもが楽しみながら理解できるように「バーチャル工場見学」ページも開設されていました。アニメのキャラクター4人がそれぞれ、「キャラメル」「チョコレート」「ビスケット、クッキー」「アイスクリーム」ができ上がるまでの様子、過程を解説しています。さらに次の4分野についても写真とアニメのキャラクターを駆使して、丁寧に説明しています。

- **お菓子はなにからつくられる？**
- **どこでつくってるの？**
- **働く人たち**
- **お菓子がお店にならぶまで**

子どもたちに「わが社を知ってほしい」「ファンになってほしい」という思いが詰まったウェブサイトです。そのために子どもたちが親しみやすいアニメを使いながら、しっかりと理解できるように工夫しています。原料に始まり、工場、働く人、流通からお店まで「舞台裏」を1つひとつ丁寧に表現しています。世界に向けて販売していることも記されています。

工場見学を生かしきれない中小企業

工場見学に関して、私の体験をもう1つ紹介します。約10年前に当時第一生命保険に勤めていた知人の紹介で、横浜市神奈川区に本社がある「岩井の胡麻油」を訪れたことがあります。同社は1857年、安政4年創業の老舗企業です。なんと創業160年超です。

同社のウェブサイトによれば、「伝統の技を生かし、手間を惜しまず、じっくりと丁寧に胡麻油を搾って」いるといいます。「胡麻を加熱焙煎したあと、圧搾法で油を搾ります。胡麻油の風味・香味は、焙煎の温度と時間が大きく左右し、とても難しい作業のため、経験豊かな匠がしっかりと見守ります。搾油された胡麻油は、粗濾過された後、不純物を取り除くためにタンクで静置され、綿布のフィルターで綺麗に仕上げ濾過をされてから製品と」なるそうです。

伝統の製法やその歴史を拝見すると、間違いなく日本が誇る老舗の1つだと感じました。長い年月を通して、どれほど大勢の人たちに愛されてきたのか。「岩井の胡麻油」で働く人、製品を購入する人、流通や小売りで関わる人、実に多くの人たちから選ばれ続けてきたからこそ、今まで存続できたに違いありません。

訪れた際、広報担当にお話をうかがったところ、地元の小学生を招いて工場見学を行っている、とうれしそうに語られていました。しかし、残念ながら同社のウェブサイトには工場見学実施の事実が、どこにも記載されていません。特定の小学校のみに公開しているだけかもしれませんし、門戸を広く開いたとして対応できる社員を確保できないのかもしれません。どの中小企業も大企業と違い、人材を含む経営資源が圧倒的に不足しているのでしょう。

実は日本の企業数の９割以上を占める中小企業の大半は、広報を担う、つまり情報を発信する部署や専門人材を置いていません。同社も担当者はいるのですが、人手が不足しているのでしょう。機能的な側面の情報はウェブサイトに掲載されていますが、情緒的な側面の情報はわずかです。「努力の成果」というページにも結果しか記載されていません。人の息遣いや、ものづくりの情熱があふれる様子が発信できていません。

「工場見学ブーム」の始まり

「工場見学がブームになっている」。

ここ数年に何度か、こんな言葉に出合っています。妻や知人に聞いたり、報道で触れたりしています。改めて、「日経テレコン」を利用して記事を検索してみました。範囲は日本経済新聞系列の各紙と全国紙（読売・朝日・毎日・産経）、全期間で「工場見学ブーム」と検索したところ、抽出されたのは64件。うち見出しに「ブーム」「人気」と記載されていたのは２０１０年で2件、２０１１年5件、２０１２年2件でした。

最も古い記事は、２０１０年6月23日に日本経済新聞本紙の地方経済面に掲載された記事でした。新日本製鉄君津製鉄所（現・日本製鐵・君津製鉄所）の見学者数が１５０万人を突破したことを報じています。同記事中で「最近の『工場見学ブーム』の中、人気スポットになって」いると記載されていました。

次が同年8月24日の読売新聞朝刊での記事です。工場見学ブームに乗って、神奈川県内のいくつかの企業の工場が夏休みの新名所となっていると書かれていました。同記事中ではアサヒビールの神奈川工場、崎陽軒の横浜工場、ライオンの小田原工場などが紹介されています。

次にインターネットで「工場見学ブーム」と検索したところ、次の4つの記事が目に留まりました。

・『NIKKEI　STYLE』（日本経済新聞社・日経BP社）
（２０１０年8月23日）
キユーピー工場を紹介。２００９年度全国6か所の工場で年間約10万人が見学。工場側では働く人にとっても消費者とじかに触れ合うことにより、やる気を引き出せるという利点がある。

・『工場タイムズ』（インターワークス社）
（２０１５年6月26日）

工場見学とはそもそも何かに始まり、レジャー施設のような楽しみがあることを紹介。工場見学にどうすれば行けるのかを説明し、体験することをすすめている。

・**『じゃらんニュース』（リクルート社）**

（2019年6月5日）

関東エリアの行ってみたい工場ランキングを調査に基づき、発表。

1位は「中村屋　中華まんミュージアム」（21・4％）、2位は「造幣局さいたま支局」（19・0％）。

・**『トラベル.jp／旅行ガイド』（ベンチャーリパブリック社）**

（2019年11月15日）

大人も楽しめるユニークな工場をランキング形成で紹介。1位はカモ井加工紙のマスキングテープ、2位が赤城乳業の「ガリガリ君」。

「舞台裏」が見えるから工場見学はブームになった

こうして見ると、工場見学ブームは2010年の夏前に始まったといえるでしょう。そして、その後何度か波はありながらも、新型コロナウイルス感染症が広がる前までは続いていたことがわかります。なぜ、工場見学がブームになるのでしょうか。私たち人間に「舞台裏」を知りたいという感情があるからです。共感したいという本能が備わっているからです。だからブームが起きるのは必然とさえいえます。

現在はインターネットがあまねく広がり、誰もがスマホを所有し、容易に手のひらの中で欲しい情報を入手できる時代です。中小・中堅企業、スタートアップがどのようにして、自社の魅力の宝庫、価値の源泉といえる「舞台裏」の情報、情緒的な側面の情報を発信できるのか。ものづくり企業においても、早急に「選ばれるブランディング」の取り組みを始めるべきではないでしょうか。

3．ブランディングを実践する企業

エンジャパンの魅力があふれる社内報「ｅｎ ｓｏｋｕ！」

続いて、人材業界におけるブランディングについて紹介します。

転職支援会社エン・ジャパンのウェブ社内報「ｅｎ ｓｏｋｕ！」（えんそく）をご存じでしょうか。「ｅｎ ｓｏｋｕ！」は「社内報アワード２０１８」（主催：ウィズワークス株式会社）において、ウェブ社内報部門でゴールド賞を受賞しています。同サイトを閲覧するとわかるように「社内報」と言いつつも、誰でも自由に閲覧できるように一般公開されています。

同サイトはエン・ジャパンの広報部の発案だといいます。広報部以外の他部署社員、約２００人を「レポーター」として任命し、社内のさまざまな出来事をレポーターたちがつぶさに取材し、そのエピソードを毎日アップしています。「ライター」と呼ぶと少々荷が重くなるだろうということで、「レポーター」としたそうです。さじ加減が絶妙だと感心しました。

しかもウェブサイトには200人の写真などが「レポーター一覧」に掲載されています。数々のエピソードはまさしく情緒的な側面の情報そのものであり、エン・ジャパンという企業の魅力が、エン・ジャパンらしさがあふれています。

受賞理由に関する詳細を見ると、内定者が入社前から組織文化や社風に触れることができ、モチベーションが向上したと記されていました。そのほかにも先輩社員をロールモデルとする後輩社員が現れたり、退職した社員が復職したり、新聞記者から社員が取材されたりするなど、その波及効果には目が見張るものがあります。

「舞台裏」を明かすウェブ社内報を一般にも公開

2021年初頭にエン・ジャパンの新規事業責任者とオンラインで面談する機会に恵まれました。その打ち合わせの最後にウェブ社内報を話題にしたところ、「手前みそだが」と断りつつも「みんな、会社のことが大好きだからできるんですよ」と誇らしげに語っていました。同サイトを閲覧した際、会社や仲間たちを思う組織風土や、ワクワクして仕事をしているのだろうという雰囲気がにじみ出ていました。感じたそのままが彼らの言葉で返ってきたので、得心したのを覚えています。

(社内報で発した)「舞台裏」をありのままに表したコンテンツには熱量があり、人の心を動かし、行動を喚起することができる力があるのです。本来であれば、社内報はその名のとおり、社員のみに配布するものですし、多くの企業がウェブ社内報は社員しか閲覧できないようにしています。しかし、エン・ジャパンは、あえて「舞台裏」としか言いようがない社内のさまざまな出来事を一般公開したのです。

堂々と惜しげもなく等身大のありのままの姿を、まさしく「舞台裏」を発信し続けることで、見事に自社を取り巻く多様な立場の人々の心を動かし、行動を変えたのです。つまり彼らから選ばれたのです。これぞ「選ばれるブランディング」の好例といえるでしょう。

営業しなくても新規問い合わせが絶えないニュートン・コンサルティング

経営コンサルティング業界では、ブランディングを実践することで営業が必要なくなった会社があります。リスクマネジメントに関する経営コンサルティングを提供するニュートン・コンサルティング（本社：東京都千代田区）です。

同社は2006年設立で、私は設立間もない頃に同社代表取締役社長の副島一也さんと共通の知人を介して、出会いました。当時社員は7、8人でした。私が目を見張ったのは、すでに「顧客事例」を作成していたことです。ニュートン・コンサルティングの顧客は全社的なリスクマネジメント（エンタープライズ・リスクマネジメント）を経営に組み込む必要性に迫られていた大企業ばかりです。

同社はコンサルティングが終わるたびに、副島さん自らが担当コンサルタントなどを伴い、顧客企業の担当者を訪ね、毎回欠かさずインタビューを行っていました。そのインタビュー内容を必ずA4サイズ（表裏で2ページ）の印刷媒体として、まとめていました。この自社の広報媒体である

ニュートン・コンサルティングのウェブサイト「お客様事例」ページ

「顧客事例」をオフィスの受付に配置したり、展示会・セミナー会場、営業の際など、必ず配布したりしたのです。

インタビュー内容は「顧客体験」であり、顧客の生の声そのものです。実際にさまざまな課題を抱えた企業たちが、具体的な解決策や指針をコンサルタントと共に議論や検証を重ねながら策定していきます。その貴重な体験、1つひとつの過程で体感したことは、経験者でしかわかり得ない内容です。何事にも代え難い体験を、読者はインタビュー記事を読むことで追体験できます。追体験することで共感が生まれます。共感は行動を喚起させるし、変容させます。

「顧客体験」をインタビューで「見える化」

この地道な取り組みを継続することが、成長エンジンの1つとして機能した結果、ニュートン・コンサルティングは営業しなくても新規顧客からの問い合わせが絶えない会社として飛躍できたのです。現在では（すべての顧客ではないようですが）、「お客様事例」として、名だたる大企業、中央省庁を筆頭に100前後の事例が企業サイトに所狭し、と掲載されています。ここまでそろうと圧巻としか言いようがありません。

通常では当事者以外は到底知る由もない「舞台裏」としての「顧客体験」をインタビューで見える化し、関係者に共有したのです。そうすることで営業しなくても、選ばれるコンサルティング会社としての確固たる立場を確立できましたし、まさしく「選ばれるブランディング」を体現した企業と言えるでしょう。

多くの中小・中堅企業やスタートアップでは、あるいは一部大企業でも自社の商品・サービスに対する「顧客体験」を担当者以外は知りません。社内でさえも共有されていません。これではどんなに良質な商品・サービスを提供していたとしても、ブランディングは一向に進まないことは明白です。「舞台裏」を見せていないし、共有していないからです。魅力を伝えていないのですから、魅力が関係者に伝わるはずがありません。関係者に選ばれるはずがありません。

4．ブランディングを実践する歯科医院

「舞台裏」を動画で伝える歯科医院

ここまでは企業の実例を挙げてきました。次に企業以外の組織が実際に取り組んだことを紹介します。まず、歯科医院を取り上げます。事例で挙げる2つの歯科医院はいずれも「舞台裏」を動画で伝えることを軸とした情報発信を行うことで、飛躍的な実績を上げました。「舞台裏」を見せることで、魅力を伝え、安心感や共感を呼び起こし、それが業績に結びつきました。

皆さんご存じのように歯科医院の業界は、コンビニエンスストアより競争が激しいのです。2022年3月末時点でコンビニの全国店舗数が5万8133件（『月刊コンビニ』調べ）なのに対し、歯科医院数は6万7899件（厚生労働省2022年9月30日発表）です。激しい競争を生

き抜くにはどうしたらいいのか。大多数の歯科医師の悩みは共通していることは想像に難くありません。

では、2つの歯科医院では実際にはどんなことを行い、どう業績に結びついたのか。

私たち一般人は、虫歯などで歯を痛めない限り、日常では歯のことに関心を持たないので、当然何も知りません。無知そのものです。少々関心を持ったとしても、友人に歯科医師がいなければ、気軽に相談できるはずがありません。虫歯になった場合、自分の居住地域に多数ある歯科医院の中から、どうやって、何を基準に選べばいいのか。看板を見かけるくらいで、実際に訪れるまではどんな医師でどんな設備なのかをほぼわかりません。

1つ目の歯科医院として、千葉県流山市にある「K' s歯科・矯正歯科クリニック　おおたかの森」（矯正歯科院長：金 亨俊氏、一般歯科院長：北村 慶氏）の取り組みを紹介しましょう。

150本の動画配信を起点とし、ブログやSNSとも連動

K' s歯科・矯正歯科クリニックは、歯科に関わる「Q&Aインタビュー」を約150本撮影し、ユーチューブで配信しています。1本の視聴時間は1～2分程度ですから、忙しい人でも手軽に視聴可能です。2人の院長だけでなく、実際に働く医師や歯科衛生士たちがそれぞれ動画に登場し、虫歯、子どもの八重歯治療、歯周病、歯石、歯科矯正、インプラント、ホワイトニングなど、さまざまな悩みや不安、疑問に1つひとつ丁寧に回答してくれます。毎回、動画の最後には2人の院長

がそろって自らの思いを語っています。

動画配信に加え、ユーチューブからホームページへの動線、動画とブログの連動、各種ＳＮＳとの連携などを組み合わせたところ、３か月で3倍の新規来院数を獲得しました。月間25人から80人に急増しました。その後継続して毎月１００人以上の新規患者が来院することで医院を医療法人化、２０２３年には都内で2院目の開院を準備しています。

院長の人柄が伝わる動画、院内のすべてが3Ｄで閲覧可能

２つ目の歯科医院は千葉県柏市の葉山歯科医院（院長：寺山　功氏）です。前述の歯科医院と同様に歯科に関わる「Ｑ＆Ａインタビュー」を60本以上撮影し、ユーチューブで配信しています。寺山院長１人が医師として働く医院において、院長自らがインプラント、顎関節症、歯科検診、虫歯予防、知覚過敏、銀歯などに関する悩みや疑問に誠実に答えています。その柔和な語り口や誠実な姿勢がうかがえる動画ですので、非常に好感を持たれることが容易に想像できます。

ユーチューブからホームページへの動線、動画とブログの連動を行ったところ、９か月でホームページの月間アクセス数が4倍（1月５２１ページビュー、９月２２０６ページビュー）、新規患者数は5倍（1月5人前後、９月23人）に跳ね上がりました。

しかも、ホームページ上で院内のすべての設備などを３Ｄで閲覧可能にするなど、来院しなければわかりようもない、治療の現場、つまり歯科医院の「舞台裏」を伝えています。院長の人柄、清

潔で明るい院内設備、悩み事や困り事に対する丁寧な回答がそろっていますので、来院者が増えるのは当たり前だと思います。

歯科医院は情緒的な側面の情報発信によりブランディング

実は、両医院の飛躍にはいずれも株式会社ラックフィールズの吉野智也社長が関わっています。吉野社長は起業前、外資系大手ＩＴ（情報技術）会社でエンジニアをしていたため、ＩＴに精通しています。その知見・能力を生かして、中小企業や開業医などを「ウェブ参謀」の立場で支援しています。私が初めて吉野社長と出会い、これら取り組みを知った際、「マーケティングとブランディングを融合させている」と感嘆を禁じ得ませんでした。

自らの魅力、つまり情緒的な側面の情報を伝えるというブランディングに取り組むことにより、いずれの医院も今まで以上に選ばれる医院として飛躍できたのです。競争が激化する歯科業界では、医院の機能面だけを強調してもなかなか選ばれません。「選ばれるブランディング」を実践するかどうかが成否の鍵を握っている、ということです。

吉野社長の支援により、地域で一番を目指す医院や飲食店、中小企業などが今後ブランディングへの取り組みを加速させていくのではと期待しています。

歯科業界に限らず、組織規模の大小も問わず、魅力を発信し続けられるのかが決定的に重要なのです。

5．ブランディングを実践する飲食店

ブランディングの王道を歩むミシュラン掲載の有名店

岐阜県可児市で和食とフレンチのお店を経営する森耕太さんは、コロナ禍を機にブランディング強化に舵を切りました。

「酒肴奥座敷まる耕」は、『ミシュランガイド愛知・岐阜・三重 ２０１９ 特別版』で見事ビブグルマンに選出されたほどの和食店です。ミシュランガイドによれば、ミシュランガイドは高級レストランだけを選出するのではなく、幅広い価格帯でより多くの生活者が楽しめる飲食店・レストランを紹介しており、ビブグルマンは１９９７年、「価格以上の満足感が得られる料理」として登場したといいます。２０１９年は岐阜県内で92軒が掲載されました。

なぜ、本書で森さんを取り上げるのか。それには理由があります。来店客にとっても、場合によってはお店にとっても「舞台裏」に当たる生産者と正面から向き合い、ブランディングの王道を歩んでいるからです。

森さんは、コロナ禍以前もミシュランで評価されるお店を経営するほどの腕前を備えていました。しかし、生産者とは積極的に関わってきませんでした。深く関わろうとはしていませんでした。そんな森さんはコロナ禍という未曾有の危機に直面し、仕事の姿勢を大きく変えました。農家などの

生産者とのつながりを重視する姿勢へと大きく舵を切りました。

コロナ禍のオンラインイベントでの生産者との出会い

きっかけは「Ｊａｐａｎこだわりの食Ｅｘｐｏ」（主催：一般社団法人日本オンラインイベント推進協会）への参加でした。主催する協会が立ち上がったのが、２０２０年4月と、まさにコロナ禍の初期です。同協会のウェブサイトには「こだわりの食品・飲料のオンライン総合展示会。オンライン開催によって全国各地の出展者・参加者の双方のビジネス拡大の場となることを目指しています。この展示会を通じて、食品業界の更なる発展に貢献します」との趣旨がつづられています。

２０２１年4月に開催された、このオンラインイベントへの参加が森さんの意識を変えたのです。イベント名のとおり、こだわりの食品・食料を持つ人々とつながり、毎月行われるイベントに参加することで生産者と出会うことが飛躍的に増えたのです。覚悟を持って、正面から生産者と向き合うことで、見えていなかったことが見えてきました。

コロナ禍で苦境に立たされたのは飲食店だけではありません。多くの生産者たちも同様の境遇でした。森さんは徹底して生産者とつながり、どんなこだわりでつくってきたのか、どんなことに苦しんできたのかなど、彼らの思いを徹底して傾聴しました。これまでは生産物を介しての付き合いがほとんどでした。農家にしろ、酒蔵にしろ、自分自身が抱いていた印象のまま、彼らの苦労や思いを知ろうとはしてきませんでした。

来店客に農家・酒造のこだわりや思いを伝える

農家・酒蔵のこだわりや思いは情緒的な側面の情報であり、まさしく「舞台裏」の情報そのものです。この思いを来店客などに伝えるかどうかで大きく商品価値が変わる、と身にしみて実感したのです。森さんの持つ、人を喜ばせたい、笑顔にしたい、幸せを届けたいという元来の性格と相まって、すぐさま生産者と来店客をつなげるイベントを企画しました。

農作物、畜産物などが飲食店で来店客に振る舞われるまでには、いくつもの過程を経なければなりません。森さんは生産者を「0番」とし、料理を食べる来店客を「10番」とすると、自分自身は最後をつなぐ「9番」を担っていると言います。

2022年7月、森さんがこだわった料理を1人1万円で振る舞うイベントを「酒肴奥座敷まる耕」で初めて開催しました。25人の常連客などが訪れ、テーブルは5人席を5つ用意しました。このイベントで、森さんはオンラインで生産者とつながり、店内に設置したテレビの大画面に映し出しました。集まった生産者は、北海道で出汁をつくる人、福島県のアスパラ農家、飛騨牛の酪農家の3人です。

「舞台裏」を伝えることで食材も完売

料理に合わせて生産者1人ひとりがこだわりを、その熱い想いを語りつつ、各テーブルにノートパソコンを順に回し、そこで直接生産者に質問したり、素材や料理の感想を聞いたりする場も設けました。「0番」と「10番」をオンラインとはいえ直接つなげたことで、森さんの予想を超える化学反応が起こりました。アスパラ農家の人が、画面越しに「生で食べてもおいしいんだよね」と満面の笑顔で語りつつ、食べ始めたのです。

するとと参加者が「どんなふうに食べるとおいしいの」と尋ねます。それに対して、「3分割して、塩茹で、バター醤油、天ぷらにして、どれがおいしいか食べ比べるといい」と返します。そこで、すかさず森さんが動きます。その場で食べ比べてもらうため、急きょメニューにない、これら料理をつくり、参加者全員に振舞いました。どれが一番おいしいのか、アンケートをとる事態へと発展したのです。森さんにとってもうれしい誤算です。

最後、余っていた食材を参加者たちに原価で販売したところ、アスパラだけでなく、北海道産のじゃがいもなど、すべて売れました。これぞ、まさしくライブコマース、食の体験と思いを伝えていくことで価値が生まれ、完売という成果が上がったのです。

森さんの夢はもっと広がります。次はフランスのワイナリーと、通訳を入れつつオンラインでつなぐ、ワイン会を企画しています。あるいはスーパーの社員、パートスタッフなどに自分が働く職場の素材のみを使った料理を提供することも企画進行中と言います。

コロナ禍という逆境に立たされることで、森さんは商売の本質と向き合うことができました。そして、ビジョンを鮮明に描くまでに至ったのです。

「舞台裏」に目を向け、思いを寄せる

前述した欧州のラグジュアリーブランドのように、歴史、土地、人物、技術を融合させ、体験と思いの伝達を両立させた森さんの取り組みは、非常に示唆に富んでいます。多くの小規模事業者、中小企業、起業まもないスタートアップに対して、何をすればいいのか、何をどうやって伝えるのか、何が伝わるのかを教えてくれています。森さんは「舞台裏」が魅力の宝庫だと気づき、すぐ行動に移しました。「選ばれるブランディング」を実践したというわけです。

ここまで第1章の後半では、ブランディングを実践する大企業・中小企業・歯科医院・飲食店の取り組みを紹介しました。エンジャパンは、ありのままの姿をウェブ社内報により一般公開することで、「選ばれるブランディング」の本質を解き明かすことに成功しました。ニュートン・コンサルティングは、顧客体験という「舞台裏」の「見える化」が企業の成長に直結することを、身をもって示しました。歯科医院でも飲食店でも、「舞台裏」を見せることが鍵を握っていました。

次の第2章では、企業の魅力とは何なのか、その正体を調査結果から読み解きます。企業が社会の要請に応え価値を生み出そうとする、そんな1つひとつの営みの中にこそ、魅力があふれているのです。まさに自社の「舞台裏」が魅力の宝庫であり、源泉なのです。

多くの企業は「自社の魅力」が一体何なのかをどれほど把握できているのでしょうか。まず、自社の「舞台裏」が何なのか、立ち止まって目を向け、思いを寄せてみる、つまり「魅力の洗い出し」から始めてみるべきかもしれません。

第2章

「選ばれるブランディング」を知る

自社の「舞台裏」にある魅力を発見することが
ブランディングの第一歩

1. 選ばれ続けることがブランディングの目的

自社の「舞台裏」にある魅力を発見することがブランディングの第一歩

第1章を通して、企業ブランディングの本質とは何かが少し垣間見えたのではないでしょうか。欧州の高級ブランドと日本の老舗企業の決定的な差は、情緒的価値（感性価値）形成の可否でした。魅力の宝庫である自社の歴史、土地、人物、技術をブランド要素として捉え、伝え続けてきたかどうかで企業価値に雲泥の差ができたという事実が明らかになりました。

一方、日本企業に目を向け、ブランディングに取り組む製造業、人材会社、コンサルティング会社を事例に普段は知ることや触れることのできない「舞台裏」に人は魅力を感じることを示しました。それは企業規模に関係なく、歯科医院や飲食店においても、どれほど「舞台裏」が魅力であるかを明かしました。

では、そもそも企業の魅力とは何でしょうか。

「魅力」を辞書で引くと、「人の心をひきつける力」「人の気持ちをひきつけて夢中にさせる力」と記されています。

自社は魅力ある会社になっているでしょうか。経営者・社員に始まり、顧客、取引先・パートナー、株主・金融機関、地域社会など、関わる人々は魅力を感じているでしょうか。それぞれの心をひきつけ、夢中にさせることができているでしょうか。もし、心をひきつけているなら、何に、どこに魅力を感じているのでしょうか。

魅力がない、あるいは魅力が薄いということであれば、組織の土台そのものが確立できていない、揺らいでいる状態だということです。魅力がない会社には、情熱にあふれたリーダーがいません。いないから魅力がないのです。働く人たちもあまり魅力的ではないかもしれません。

魅力のない会社は、何も生み出せないし、仲間となる同志は集まらないし、そもそも出会えません。何も期待されないし、望まれないし、注目もされません。何らかの魅力がなければ、誰からも選ばれません。一時的、一過性、個人的な理由で選ばれたとしても長くは続きません。

選ばれ続けるためには

企業は社員や顧客、取引先などの関係者から選ばれ続けることで、持続的な成長を手にすることができます。私たちを取り巻く環境は目まぐるしく変化しています。変化が止まったことは一度もありません。人々の意識や価値観、生活様式（ライフスタイル）も経済や社会の変化に影響を受けて、変わっていきます。

企業は、ぶれない確かな軸、つまり企業理念やビジョンを掲げつつ、同時に変化に適応しながら事業を営んでいます。取り巻く関係者たちも、それぞれが変化の波にさらされながら、選択を迫られる場面に何度も遭遇します。そんな状況であっても変わらず、「選ばれ続ける」ことは決して簡単ではありません。選ばれ続けるために日頃から何をすればいいのでしょうか。どんな関係を築けばいいのでしょうか。

魅力を正確に把握し、その魅力が伝わる活動をしているか

企業同士の関係に焦点を当ててみます。もちろん直に接点を持つ個人、担当者同士の人間関係は重要です。お互いに1人の人間として信頼し合える関係を築けていなければなりません。しかし、なれ合いで付き合うような関係、健全な緊張感を失った関係、打算で成り立つ関係はよろしくありません。組織全体にとって成長や存続を阻むリスクをはらむことになります。必要以上に近付き過ぎて癒着すれば、不正の温床となるでしょう。不祥事が明るみになれば、組織全体の信頼を損なう重大な局面、危機に立たされます。

担当者個人だけの関係に終わらせないためには、何が必要なのでしょうか。魅力あふれる企業となっていること、あるいはそんな企業を目指していることが大前提です。そして、その魅力が相手にちゃんと伝わっていることです。その魅力故に関係をずっと続けたい、と相手から思われていることです。どんな関係者からも、です。自らの魅力を正確に把握し、その魅力が伝わるような活動をしているのかが問われます。

再び問います。では、企業の魅力とは何でしょうか。人々は企業の何に魅力を感じるのでしょうか。

2．魅力度ブランディング調査が解き明かす「人的魅力」とは

魅力度ブランディングモデルとは

電通ＰＲコンサルティングが運営するシンクタンクである企業広報戦略研究所は、「生活者が企業のどのような活動やファクト（事実）に魅力を感じ、その魅力がどのように伝わっているのかを解析することを目的」に生活者1万人を対象とした調査を定期的に実施しています。

同研究所が提唱している「魅力度ブランディングモデル」は、非常に示唆に富んでいます。魅力度ブランディングモデルとその調査結果から、何が企業の魅力なのかを1つひとつ確認し、明らかにします。魅力を明らかにすることで、「選ばれるブランディング」の本質を紐解いていきましょう。

企業広報戦略研究所は、「ＦＡＣＴに基づく情報発信・情報拡散が企業ブランドに与える影響が強まっており、ますます重要になって」いることから、「企業のどのような活動・ＦＡＣＴに、生活者や投資家が〝魅力〟を感じるのかを検証し対策を講じる必要が生じ」たとしています。そのために企業広報戦略研究所が開発したのが、魅力度ブランディングモデルです。

魅力度ブランディングモデルでは、企業の魅力を人的魅力、財務的魅力、商品的魅力の３つに分類しました。この３要素の複合体が企業の魅力ということです。さらに各魅力で６領域・12項目、

● 人的魅力

1．リーダーシップ
2．職人のこだわり
3．職場風土
4．アイデンティティ
5．誠実さ・信頼
6．社会共生

● 財務的魅力

1．成長戦略
2．安定性・収益性
3．リスク＆コンプライアンス
4．投資＆財務戦略
5．市場対話・適時開示力
6．ソーシャルイシュー対応力

● 商品的魅力

1．ソリューション力
2．コストパフォーマンス
3．リコメンド・時流性
4．共感
5．安全性・アフターサービス力・クレーム対応
6．独創性・革新性

魅力項目ランキング全36項目中、上位5位

順位	活動・ファクト	割合(%)
❶	ビジョンを掲げ、業界を牽引している	51.6
❷	チャレンジスピリットにあふれたリーダー・経営者がいる	48.9
❸	こだわりをもった社員が品質向上にチャレンジしている	42.1
❹	熱心なファンが多い商品・サービスを提供している	42.0
❺	イノベーションにこだわる経営をしている	41.0

全部で18領域・36項目の活動とファクト（事実）を設定しました。

企業の魅力の「3要素×6領域」は52ページのとおりです。

企業広報戦略研究所では、「魅力度ブランディング調査」を2016年から毎年実施しています。調査対象は全国の20〜69歳の男女計1万人（各業種で500人ずつ、全20業種・各業種10社・全200社）で、調査手法はインターネットです。2022年10月に発表された「第7回　魅力度ブランディング調査」の結果を見ながら、生活者が魅力を感じた活動とファクトを明らかにします。

人的魅力に関する活動・ファクトが上位を占める

最も多かった魅力が「人的魅力」で全体37・3％でした。次いで、「商品的魅力」（33・9％）、最後が「財務的魅力」（28・7％）でした。この順位は、割合のわずかな増減があるものの7年間ずっと変わりません。36項目で見ると、ランキングのトップ5は上表のとおりです。

この順位は第5回（2020年実施）、第6回（2021年実施）と全く同じです。「ビジョンを掲げ、業界を牽引している」は、調査開始以来7年連続1位です。4位が商品的魅力で、残りの4つは人的魅力です。第1、2回の調査のトップ5には財務的魅力と商品的魅力が1つずつ入っていましたが、第3回では財務的魅力が1つ、第4~7回では、商品的魅力が1つだけでした。

生活者は、企業のリーダーや、社員・職人など従業員の言動に魅力を感じているということが明らかになりました。

リアルな体験が半数を超える

もう少し掘り下げて紹介します。

「企業の魅力をどのようなところで見聞きしたか」を問うたところ、1位は「商品・サービスを購入して」で27・0%でした。2位「テレビ番組」(18・8%)、3位は「テレビCM」(17・3%)でした。4位が「商品・サービスを試して」(14・3%)、5位と「社員・店員などを通して」(12・1%)続きました(表1参照)。

1~5位、それぞれ、要はどういうことなのか。私は次ページのように捉えています。

1位、4位、5位がリアルな経験を通じて感じた魅力の項目でした。「社員や店員は自らが会社の顔となり、その魅力を伝える影響力を持っていること」がわかったとしています。リアルを選択した人は51・5%(複数回答可)と半数を超えました。それ以外の情報源は、「メディアの番組・記事(30・5%)」「メディアの広告(23・7%)」「オウンドメディア(22・4%)」「ソーシャルメディア(17・0%)」の4種類に分類しています。

見過ごせない調査結果のバイアス

魅力度ブランディング調査の結果は非常に示唆に富んでいますが、留意すべき点があります。同調査は外資系を含む大企業200社の社名を挙げて、調査を行っています。

あくまでも対象は、社名を聞けば、誰でもわかるような業界を代表する大企業ばかりです。調査結果自体にバイアス（偏り）があるのです。中小・中堅企業やスタートアップに調査結果がそっくりそのまま当てはまるわけでありません。

例えば、前述の「企業の魅力を感じた情報源」を見てみましょう。「メディアの広告」で指すところのメディアとは、主にマスメディア、つまりマスコミ4媒体（テレビ、新聞、雑誌、ラジオ）のことです。ここにインターネット広告と交通・屋外広告（アウトドアメディア）も加わります。大企業と違い、中小・中堅企業やスタートアップでは「テレビCM」（17・3％）など、到底手が出ません。

インターネットで広告を実施している企業数は一定数いますが、その規模は極めて小さいのが現状でしょう。生活者が「見聞き」するほど出稿できる企業は多くはありません。広告は、長期にわたって繰り

「企業の魅力をどのようなところで見聞きしたか」回答

1商品・サービスを購入して	顧客の満足度が高かった
2テレビ番組	プレスリリースなど報道関係者への情報提供などの成果として、報道された
3テレビCM	テレビCMを打てる財務基盤があった
4商品・サービスを試して	良質な顧客体験
5社員・店員などを通して	社員が魅力的だった

返し行うことでしか成果は現れません。財務基盤がしっかりしていないと一定規模の広告を継続して実施することはできません。経営者や現場の担当者たちは身に染みて理解されていることでしょう。

次に「メディアの番組・記事」はどうでしょうか。スタータアップでも熱心にプレスリリースなどの情報発信を行っていれば、業界紙や産業経済紙、ネットニュースでは記事が掲載されることはあります。しかし、テレビやメジャーな新聞・雑誌で報道されることはまれです。短期間で何回もニュースや記事にはなりませんから、一過性で終わり、情報の渦にのまれ、忘れられることのほうが多いのが現実です。

時折、テレビやメジャーな新聞で報道される企業もありますが、それは急成長を遂げていたり、大手資本が入ったりしている、ごく一握りのスタートアップなどに限られます。特殊な例に過ぎません。当てはまらない企業のほうが圧倒的に多いのが実態です。

3. 中小企業こそ、魅力は自ら伝える

中小・中堅企業やスタートアップにおける広報の実態

そもそも、ほとんどの中小・中堅企業やスタートアップでは、プレスリリースを発信する役割を担う広報担当者がいません。報道関係者に対してプレスリリースを送ることさえできていません。

いたとしても、ほぼ「1人広報担当者」というのが実情です。未経験者で、教えてくれる先輩もいません。プレスリリースに関する書籍を読んでみても、どう書いたらいいのか、どうやって報道関係者に届けたらいいのかわからないという人たちがほとんどです。

そんな状況ですから、報道されるはずがありません。報道関係者個々人との関係が結べていませんし、知り合いの記者や編集者がいないのです。大企業には必ず広報部という専門部署が設置され、数人～数十人の社員が所属し、ほぼ毎日のようにプレスリリースを発信している企業も多く存在しています。記者や編集者と常日頃から密なコミュニケーションをしていますし、日常的に取材対応もしています。

このように大企業の場合と大きく異なり、「メディアの広告」「メディアの番組・記事」で魅力を見聞きすることはほとんどないということです。

リアルな体験の人的魅力は伝わっているのか

では、リアルな体験の場合はどうでしょうか。メディア系と違って、大企業も中小・中堅企業、スタートアップも大差がないように思うかもしれません。しかし、よくよく考察してみると、楽観視できるものではないことがわかります。

人的魅力でトップ5入りをした4項目を改めて記載します。

1位：ビジョンを掲げ、業界を牽引している

2位：チャレンジスピリットにあふれたリーダー・経営者がいる
3位：こだわりをもった社員が品質向上にチャレンジしている
5位：イノベーションにこだわる経営をしている

中小・中堅企業、スタートアップの場合、1位の項目に関しては「業界を牽引」は言い過ぎですし、現実的ではありません。等身大の表現として言い換えれば、「ビジョンを掲げ、常に挑戦している」となるかもしれません。この4項目（自社の人的魅力）が、取り巻く関係者たちにちゃんと伝わっているのか。

大企業の場合、容易に想像できるのが、この4項目のほとんどはメディアでの記事が大きく影響しているだろうということです。報道関係者にとっても、これらを兼ね備えた企業は非常に魅力的ですし、われ先にと進んで取材します。結果として、生活者はさまざまなメディアでのニュース、記事として4項目それぞれに関して見聞きすることになります。

社員・スタッフであれば、日々の営みで人的魅力の4項目を感じているでしょう。人数が50人にも満たない会社では、経営者や創業メンバーとも頻繁にコミュニケーションできるでしょうし、彼らの事業に懸ける情熱やイノベーションにこだわる経営姿勢に身近で触れることで魅力を感じているでしょう。社員も活気にあふれ、こだわりを持って商品・サービスの開発に取り組むなど、お互いに刺激し合い、そんな社風に魅力を感じる社員も多いでしょう。

人的魅力にあふれた「顧客事例」

ただ、自社の規模が大きくなればなるほど、経営トップとの距離が離れ、コミュニケーションも減り、一体感は薄れていきがちです。社員であっても、情熱やこだわりをもってトップなどが挑戦する姿に触れる機会がどんどん少なくなります。顧客や取引先の企業規模が大きければ、魅力を感じていたとしても、その範囲は窓口担当のレベルにとどまることになりかねません。

魅力を感じる情報源である、顧客のリアルな体験はどうでしょうか。いわゆる顧客体験です。外資系やＩＴ（情報通信技術）系の大企業は、「顧客事例」「導入事例」という名称で自社のウェブサイトや印刷媒体でインタビュー記事をまとめています。顧客企業の代表者や担当者たちの生の声にこそ、その企業の人的魅力や商品・サービスの魅力があふれています。

魅力項目ランキングの第４位に「熱心なファンが多い商品・サービスを提供している」が位置しています。熱心なファンが多いという事実を生活者が見聞きしているためです。大企業が「オウンドメディア」（22・４％）や「ソーシャルメディア」（17・０％）で発信しているからこその結果といえるでしょう。

しかし、中小・中堅企業、スタートアップの場合、顧客自身が魅力を感じたという事実が自社の顧客窓口にしか伝わってない、という状況がよく見受けられます。大企業と比較すると、明らかに顧客基盤は狭いですし、魅力が伝わりにくい状況に置かれています。社員に十分に伝わっていない、顧客にも、そのほかの関係者にも十分に伝わっていない。そんな情景が目に浮かびます。

中小企業こそ、魅力は自ら伝える

では、中小・中堅企業、スタートアップはどうすればいいのでしょうか。自らの魅力をどうやって見聞きしてもらえばいいのでしょうか。メディアの広告も番組・記事も難しいし、リアルな体験もごく狭い範囲にとどまらざるを得ないから、お手上げ、諦めるほかないのでしょうか。

そんなことはありません。自ら伝えればいいのです。

企業にとって情報発信という行動は、逃れられない宿命といえます。なぜでしょうか。「知らない」ということは、すなわち「存在していない」ことに等しいからです。魅力を見聞きしてもらっているのか、つまり魅力が伝わっているかどうか、いや、それ以前にそもそも魅力があるかどうかの問題です。

ですから、企業は「知らせる」という行動、情報発信から始めなければなりません。自ら伝えるのです。新規顧客獲得、新卒・中途採用、取引先開拓など新しいつながりをつくるためには、情報発信により存在自体を認知してもらう必要があります。接点を持つためには、あらゆる機会を逃さず、目に触れるように情報を発信しなければなりません。限られた経営資源を最適に分配しながら、新しいつながりをつくるのです。

自社の魅力を「見える化」して、伝え続けることがブランディング

ブランディングとは自社の魅力を伝え続けることです。伝え続けることで、自社を取り巻く関係

者とのつながりが徐々に強く太く深くなり、結果として魅力がしっかりと伝わり、欧州のラグジュアリーブランドのように価値を高く評価され、つながりが長く続くのです。魅力がしっかりと伝わるように伝えることが「選ばれるブランディング」なのです。

大事なことは1つひとつを丁寧に伝える、つまり「見える化」することです。文字や写真、音声、動画など、あらゆる表現方法を駆使して、広報媒体として「見える化」し、あるいは広報PR専用ウェブサイト「ニュースルーム」に記事を投稿、迅速に関係者たちに共有し、かつ蓄積していくしかありません。地道に続けていくことで、「ニュースルーム」は魅力の宝庫へと成長していきます。

4. ニュースルームって何？

米国や日本の先進的企業で開設が相次ぐ「ニュースルーム」とは

ここで少々脱線する形になりますが、「ニュースルーム」の成り立ち、現状、概要などを紹介します。ニュースルームは、10年ほど前から米国の先進的な企業がこぞってコーポレートサイトと併設する形で開設しました。ウェブサイトのURLのディレクトリーが必ずと言っていいほど「newsroom」となっていることから、日本でもそのまま一般名称として「ニュースルーム」が使われ始めています。米国ではGAFA（グーグルのみ別名称）も、早くからニュースルームを開設し頻繁に記事を投稿しています。

日本で先陣を切ったのが前述したトヨタ自動車です。自動車業界ではトヨタに追随し、日産自動車、ホンダ（本田技研工業）、マツダもニュースルームを開設しています。従来はコーポレートサイト内に「プレスリリース」「ニュースリリース」「お知らせ（Ｗｈａｔ'ｓ ＮＥＷ）」というページ名称で展開されていました。それがコーポレートサイトに併設するような形式で名称を「ニュースルーム」に変えました。表現は、文字中心から動画や画像を多用したリッチな表現へと変わりました。

コンテンツは実に多様かつ多岐にわたっており、これら情報がニュースルームには集約・蓄積されています。ネット以前の時代に、大企業が社内報や顧客向け情報誌などの紙媒体で掲載していたコンテンツです。広報のＤＸ（デジタル・トランスフォーメーション）化を推進しているのが、ニュースルームといえます。日本の企業社会は、いつの時代も米国での先進的な取り組みを必死で後追いしている、という現実を誰も否定できないでしょう。近年でいえば、オウンドメディアなどがわかりやすい事例として挙げられます。

自動車業界以外でも大和ハウス工業や積水ハウス、キリンホールディングス、クボタ、ＪＴＢグループ、凸版印刷、オムロン、オリックス、ツムラなど、業界を超えて、名だたる大企業が相次ぎニュースルームの名称で運営しています。りそなホールディングスは、いくつか開設していたオウンドメディアを２０２１年７月にすべてニュースルームへと統合しました。今後、同様の動きが加速するのではないか、と私は見ています。

ニュースルームに投稿・掲載されている情報

私はここ５、６年にわたり、各社のニュースルームをウォッチしてきました。ニュースルームは誰を対象とするのか。どんな内容を伝えるのか。必要な機能とは何か。開設する目的は何なのか。私なりに整理した内容を解説してみましょう。

ニュースルームの対象はすべての関係者

・誰が対象なのか

ニュースルームに投稿・掲載されている情報は、ニュースリリースだけではありません。紙媒体であれば、明らかに社内報に掲載するコンテンツも載せています。第５章で詳述しますが、トヨタは社内報に掲載するようなコンテンツを『トヨタイムズ』で発信しています。

前述したとおり、大企業はコーポレートサイトにプレスリリース（ニュースリリース）というコーナー（カテゴリー）を必ず設けていました。プレスリリースとは、報道関係者向けに自社の新たな取り組みを発表する公式資料です。つまり閲覧してほしい対象は報道関係者だったのです。

しかし、ニュースルームは明らかに報道関係者以外の関係者も意識しています。トヨタの情報発信に対する向き合い方を見ていると、対象は報道関係者だけでなく、社員、顧客、取引先、株主など、自社と何らかの形で関わりを持っているすべての関係者たちです。いわゆる利害関係者（ステークホルダー）です。

・経営者、技術者などの人的魅力、顧客体験などを伝えるどんな内容を発信するのか

生活者は企業のどんな事実や活動に魅力を感じるのか。前述の調査結果からも明らかなとおり、それは人的魅力です。企業のリーダーや、社員・職人など従業員の言動に魅力を感じています。近年、企業社会ではストーリーという言葉が流行しています。ストーリーとは、過去の創業を振り返ったり、起業したての経営者が起業してから現在に至るまでの歩みをつづっていたりするものです。私の感覚では、創業ストーリーを言語化したり映像化したりする事業者は確実に増えています。

ただ、それだけでは十分ではありません。創業者や経営者だけで企業経営は成り立ちません。開発の現場で、営業の現場でこだわりを持って挑戦している技術者や社員たちがいるから企業は成長できるし、存続もできるのです。企業の永続を描く物語では、創業ストーリーはプロローグ、序章に過ぎません。佳境にはほど遠い序盤戦です。人々に語り継がれる物語には、いつも必ず魅力あふれる人物が多数登場するものです。そんな物語に人々は心を魅了されます。

では、どうすればこれら人物たちの魅力が確実に伝わるのか。自社の広報やブランディングの担当者が彼らの言動を取材することにより、人的魅力を文字や写真、動画などさまざまな表現を組み合わせてコンテンツとして作成します。そのコンテンツ、記事をニュースルームに掲載し、蓄積していくのです。さらに社内の人物だけでなく、顧客体験や取引先へのインタビュー、対談なども自社の魅力を伝えることができますから、インタビュー記事やエピソードとして掲載します。

カテゴリー機能でコンテンツを分類・整理

・ニュースルームに必要な機能

ニュースルームが備えるべき機能とは何なのか。主要な機能は3つです。カテゴリー機能、バックデート機能、メールアラート機能です。

紙媒体でもデジタルでも、企業の広報媒体では必ずコンテンツを複数のカテゴリー（コーナー）に分類しています。マスメディアのテレビや新聞、雑誌なども同様で、たいてい人気コーナーがいくつか存在しています。ニュースルームに必要な機能の1つがコンテンツをカテゴリーごとに分類できる機能です。

紙媒体による情報発信の場合、過去のコンテンツを閲覧するためにはバックナンバーを探さなければなりません。時系列による分類に固定されているため、同じカテゴリーの情報を読むためには1つひとつさかのぼらなければなりません。例えば、移動中の電車内での時間を有効に活用して一気に読もうとしても、何冊もバックナンバーを持ち歩き、1号ずつそのコーナーのページを開いて読むしかありません。これは容易ではありませんし、そもそも現実的はありません。

その点、ニュースルームであれば、カテゴリー機能を備えているので問題ありません。1つひとつの記事（情報）が時系列で並んでいるだけでなく、カテゴリー別に分類されているので関心のある、あるいは好きなカテゴリーの記事を過去にさかのぼり、1つひとつ読むことが比較的容易にできてしまいます。

メールアラート機能で関係者と瞬時に情報共有

次に必要な機能はバックデート機能です。過去の日付で記事をニュースルームに追加できる機能のことです。紙媒体で作成した記事が手元にあった場合、それが何年前だろうと作成した当時の日付でアップできるのです。そうすると最新の記事を筆頭に時系列できれいに並べつつ、過去のコンテンツをすべて（その気になれば、労力を割くことができれば）ニュースルームに集約・蓄積することが可能です。

ニュースルームにすべての記事を蓄積することで、ニュースルーム自体が自社の魅力の宝庫となり得るのです。「選ばれるブランディング」のための発信基地になるというわけです。

3つ目の機能として必要なのが、メールアラート機能です。トヨタ、日産自動車、マツダは、利用者がメールアドレスをニュースルームから登録すれば、新しい記事がニュースルームに上がるたびにプッシュ形式で、登録したアドレスに記事が配信されます。いずれの会社もメールアドレスをCSV形式で一括登録することで、社員、顧客、取引先、株主など、すべての関係者と瞬時に記事を共有できます。

当社が開発したニュースルーム・システムでは、メールアドレスをCSV形式で一括登録することができます。社員、顧客、取引先、株主など、すべての関係者のアドレスを登録すれば、瞬時に記事を共有できます。ニュースルームと公式LINEを連動させることも可能です。そうすると常にスマートフォンで最新の記事をチェックできます。

仲間意識、共感・一体感を醸成するため
・ニュースルームの目的

最後に何のためにニュースルームを開設するのか、運営するのか、ということです。結論を言えば、企業を取り巻くすべての関係者たちと迅速に正確に事実と魅力を共有することで、好意、信頼、共感を獲得するためです。社員だけでなく、顧客も取引先も株主も、時には地域社会も、企業にとってみると価値を共に生み出す仲間たちと言えます。彼らの存在なくして、価値を生み出し提供することはできません。

そう考えると、まるごと「社内」「内部」と捉えることができます。ですから情報を「発信」するのではなく、「共有」すると表現したほうが正しい、と私は考えています。企業が自らの言葉で自らの魅力を伝える、共有する場がニュースルームなのです。そうすることで、ニュースルームには自社の魅力が集約され、蓄積されていきます。そうして、常に共有することで仲間意識、共感や一体感が着実に育まれるのです。

いかがでしょうか。ここまでニュースルームの成り立ち、現状、概要をかいつまんで解説しました。ニュースルームとは一体何なのか。誰を対象とするのか、どんな内容を伝えるのか。どんな機能が必要で、何を目的に開設するのか。理解が進んだのではないでしょうか。

ニュースルームに関しては第4章で中小企業の事例を、第5章でトヨタ自動車の取り組みを詳説します。事例に触れることで、さらに理解が深まると思います。

5．「舞台裏」は魅力の宝庫

「らしさ」が現れる「舞台裏」こそ、魅力の宝庫

中小・中堅企業、スタートアップにおける人的魅力を再掲すると、次のとおりです。

- **経営者がどんなビジョンを掲げ、どんな挑戦をしているのか。**
- **どんな社員がどんな気持ちで働いているのか。**
- **どんな技術者や職人がどんなこだわりを持ち、開発に取り組んでいるのか。**
- **どんな顧客がわが社の商品・サービスにどんな魅力を感じているのか。**

自社の「人的魅力」をはじめ、36項目の1つひとつを確認してみてください。自社の現状と照らし合わせ、改善すべき点があれば、迷わず改善しましょう。現状、魅力が不足していたとしても、磨きをかければいいのです。

詳しくは第3章で述べますが、企業が発信する公式（オフィシャル）情報は2種類に分けられます。それは「表舞台」の情報と「舞台裏」の情報です。表舞台も舞台裏も、いずれも事実であることに変わりはありません。

では、何が違うのでしょうか。

同じ事実でも「表舞台」は結果であり、「舞台裏」は過程です。点と線、静と動、モノ（粒子）

とコト（波）の違いです。さらにいえば、「表舞台」は存在そのものや能力、実績を伝えるので認知や理解を得ることはできます。「知らない」ということは「存在していない」に等しいのですから、選択肢にも挙がりません。ですから「知らせる」ことから始めるしかありません。繰り返し伝えることで、企業や商品・サービスの存在そのものが認知され、理解は深まります。

しかし、選択肢には挙がったとしても、選ばれる理由にはなり得ません。第1章で述べた歴史、土地、人物、技術などのブランド要素を伝えていませんので、情緒的価値（感性価値）は形成されません。情緒的価値を形成できるのは第1章で事例を挙げてひもといた「舞台裏」の情報です。「舞台裏」は、人々の情緒に訴えかける、心に響く情報なのです。「舞台裏」こそ、個々の企業ならではの、その企業の「らしさ」が現れる、魅力の宝庫といえます。魅力に多く触れることが「選ばれる理由」をつくるのです。

人的魅力こそが伝えるべき「舞台裏」

「表舞台」と「舞台裏」。これらを魅力度ブランディングモデルと照らし合わせると、明らかになることがあります。

まず、「人的魅力」の12項目、これらは「舞台裏」の情報そのものです。

① チャレンジスピリットにあふれたリーダー・経営者がいる

② ビジョンを掲げ、業界を牽引している

③イノベーションにこだわる経営をしている
④こだわりをもった社員が品質向上にチャレンジしている
⑤実力主義の職場風土である
⑥社員がやりがいを持って生き生きと仕事をしている
⑦よい企業理念・ビジョンに基づいた経営をしている
⑧独自性の高い経営をしている
⑨真面目で、信頼できる社員がいる
⑩真面目で、信頼できるリーダー・経営者がいる
⑪文化・芸術・教育・スポーツの活動に熱心に取り組んでいる
⑫地域を大切にし、支える努力をしている

「財務的魅力」の中でも「経営方針をわかりやすく説明している」「投資家などとのコミュニケーションを大事にしている」「環境に優しい経営をしている」「社会の発展や社会課題の解決（SDGs）に貢献している」の4項目は、「舞台裏」を明かすことで魅力として理解できる事実・活動といえます。

「商品的魅力」の「ネット上で評価の高い商品・サービスを提供している」「熱心なファンが多い商品・サービスを提供している」「開発秘話や背景に共感できる商品・サービスを提供している」の3つの事実・活動は、「舞台裏」そのものではないものの「舞台裏」が伝わっているからこその魅力です。これらすべてを足すと19項目です。

中小・中堅企業、スタートアップの取るべき道は1つ

実に36項目の魅力の中で半分以上が「舞台裏」が関係しています。「舞台裏」の情報こそが、まさに魅力の宝庫であることは明らかです。調査結果からも疑いようのない事実です。大企業は徹底して、魅力の宝庫である「舞台裏」の情報をあらゆる方法・手段を駆使して、伝え続けてきました。インターネットがまだ普及していない時代には紙媒体が主流でした。現在は紙媒体と電子媒体を組み合わせて伝えています。インターネット上では、コーポレートサイトを軸に複数のSNS、動画チャンネルを目的や用途に応じて使い分けています。そして、先進的な一部の大企業では、ニュースルームに自社の魅力を集約・蓄積しています。その成果が「魅力度ブランディング調査」の結果に如実に現れています。

中小・中堅企業、スタートアップの取るべき道は1つしかありません。自ら「舞台裏」を伝えることを始めるしかありません。経営者たちは迷ったり逡巡したりしている場合ではありません。現実を直視すべきです。魅力の宝庫である「舞台裏」の数々を自ら伝え続けることでしか、ブランディングはできません。

「選ばれるブランディング」の本質とは、魅力の宝庫である「舞台裏」の情報を自ら伝えることなのです。

ありもしない「魔法の杖」を欲しがる経営者

中小・中堅企業やスタートアップの経営者たちは、とかくありもしない「魔法の杖」を探しがちです。自社の製品やサービスがある日突然飛ぶように売れ出す、大ヒットすることを夢見がちです。もちろん、そういう状態になったほうがうれしい、という気持ちは理解できます。

しかし、一気に景色が変わるような奇跡は起こらないと考えたほうがいいでしょう。奇跡だと勘違いする出来事はあっても、時間の経過とともにほどなく熱は冷め、元に戻ります。場合によっては、急激な売上高増加に対応するために人材や設備を拡充したことで、重荷を背負うこともあります。ほとんどの企業は、製品やサービスを生み出すまでに何度となく失敗し、苦渋をなめた経験があるでしょう。製品やサービスは、人材や設備に投資し、試行錯誤を重ねてようやくでき上がります。

ただ、それは単なる出発点に過ぎません。まだ顧客や利用者の手元には届いていないからです。使ってもらっていないからです。製品もサービスも使ってもらってこそ、初めて価値があるものとして存在できるのです。そうなるまでには、製品やサービスを生み出すまでと同じような過程を経なければなりません。数ある選択肢の中から選んでもらわなければなりません。

それは決して平坦な道ではないでしょう。「選ばれるブランディング」の王道は、険しい茨の道に見えるかもしれません。しかし経営者は臆することなく、一刻も早く「魔法の杖」という幻想を捨て去らなければなりません。他人任せにしたり、周りに流され踊らされたりしている場合ではありません。自らの責任で自らの「舞台裏」を明かし続けようではありませんか。

第3章　ブランディングに欠かせない「舞台裏」

忘れられたブランディングの意味

1. ブランディングとマーケティングの役割

「ブランド」の語源

本書はここまで当たり前のように「ブランド」や「ブランディング」という言葉を何度も使ってきました。企業にとって重要なブランディングとは一体何を指し、何をすることなのでしょうか。ここで一度立ち止まって、そもそも「ブランド」とは何かを整理してみる必要があります。

ブランドの語源は、自らの家畜を識別するための「焼き印」であることはよく知られています。酪農家たちは、外見だけではどれが自分の家畜なのかを判別できません。ですから、どの牛や羊が自分の家畜なのかを識別するために「焼き印」したのです。そのように理解すると、ロゴをつくることをブランディングと捉えることはあながち間違いではないかもしれません。

しかし、決定的に重要な本質からすれば、その理解は明らかに的外れだと言わざるを得ません。

では、そもそも企業における「ブランディング」とは日本語でどう理解すればいいのでしょうか。ブランドを解説した書籍は多数出版されています。ほとんどが専門用語を多用しているため、非常に難解なものばかりです。最先端の研究者や一部の先進的な企業でブランディングに携わる人たちにとっては、実践的で有益な内容も当然含まれているでしょう。無意味だとは思っていません。

しかし中小・中堅企業やスタートアップにとっては、現実からかけ離れた、現場実務とは結び付きにくいものであることも事実です。

最も重要なことからずれることなく、わかりやすく説明するとどうなるでしょうか。私がたどり着いた答えは次のとおりです。

「ブランディング」の正体

・ブランディングとは、相手の心に魅力を「焼き印」すること

これがブランディングの正体です。「焼き印」は相手の心にするのです。企業・組織にとって、「みんな」とは誰なのか。具体的に言えば、すでに関係を築いている目の前の人（個人・法人）たちです。経営用語では「利害関係者」といいます。利益も損害も共有する、お互いに影響を与え合う者たちです。英語では「ステークホルダー」といいます。企業でいえば、経営者、社員、顧客、取引先、パートナー、株主、金融機関、地域社会（役所・住民）のことです。

これらの者たちは、企業にとっては価値を共に生み出している大切な仲間たちともいえます。同時に価値を分かち合っている仲間でもあります。その1人ひとりの心に自社の魅力をしっかりと「焼き印」することがブランディングの本丸です。「焼き印」とは言い換えれば、共感です。揺るぎない確かな共感、色あせることなく、何が起こったとしても消えない共感です。

そんな共感を抱いた人たちは（その立場が個人であろうが法人であろうが）、自らを取り巻く環境が大きく変化したとしても変わらない思いと姿勢で選んでくれます。たとえ、その企業が不祥事

や事故を起こしたとしても、苦言を呈したり、厳しく接したりしながらも結局は応援し選び続けてくれます。自社の魅力を相手の心に「焼き印」することがブランディングなのです。

ブランディングとマーケティングは車の両輪

企業経営に深く関わる営みで、現在進行形で表されるカタカナ・ビジネス用語は2つだけです。それは、マーケティングとブランディングです。企業の成長と存続にはマーケティングとブランディングが欠かせません。車の両輪です。最適なコンビ、最強のタッグ、最善のバディです。両者の組み合わせが、企業の成長と存続を左右します。いかに最適化できるかが問われます。

企業が存続する限り、マーケティングとブランディングもずっと現在進行形です。永続を目指す企業にとって、いずれにも終わりはありません。どちらか一方でも歩みを止めてしまえば、途端に経営危機に直面してしまうでしょう。マーケティングとブランディングの違いを図示すると、次ページのとおりです。

企業を経営する目的は何でしょうか。さまざまな視点から述べることができるでしょう。ここではその解の1つとして、前述した「利害関係者」に焦点を当てます。企業は取り巻く関係者たち、つまり経営者、社員、顧客、取引先、パートナー、株主、金融機関、地域社会（役所・住民）から選ばれる存在にならなければ経営が成り立ちません。選ばれ続けなければ、成長することも存続することもできません。

ステークホルダー（利害関係者）視点における企業経営の目的
〜ブランディングとマーケティングをひもとく〜

目的	選ばれるために	
総称	ブランディング	マーケティング
対象	既に関係を築いている者	これから関係を築く者
伝える内容	過程・経緯 舞台裏 情緒的価値	事実・結果 表舞台 機能的価値
伝達手法	情報共有	情報発信
伝えるべき情報	・どんな思い（理念）でどんなビジョンを掲げて経営していますか ・どんな社員がどんな思いで働いていますか ・社員はどんな苦労や失敗を経験しましたか ・どんな組織風土を築いていますか ・どんな顧客がどんな体験をしていますか ・どんな取引先や株主がいて、どんなつながりを持っていますか ・地域社会とどんなつながりを持っていますか ・自社を守るためにどんなことに取り組んでいますか	・どんな会社ですか（会社概要） ・どんな事業を営んでいますか ・提供している製品・サービスはどんな価値を提供していますか ・どんな事業環境で経営していますか ・どんな業績を上げていますか
刺激する脳	右脳	左脳
成果	共感の醸成	認知の獲得
ゴール	選ばれる	

選ばれない、選ばれ続けないとはどういうことでしょうか。往々にして関係者それぞれと正面から向き合うことを避けていると、結局選ばれません。次に挙げるような事態に直面することは必至です。

利害関係者と正面から向き合う

- 新しい社員の採用が進まない
- 優秀な社員が採用できない
- 社員の離職が後を絶たない
- 次を担う幹部候補社員が転職してしまう
- 新規の顧客がなかなか獲得できない
- 顧客満足度が低い
- 顧客に継続して購入（利用）してもらえない
- 顧客からの評価を正確かつ迅速に把握できない
- 調達先との取引量が安定しない
- 調達先や販売先との関係が長続きしない
- 採用やマーケティング関連の費用がかさむ
- 事務所近辺の住民からのクレームが絶えない

このように「利害関係者」たちに焦点を当ててみると、経営の目的は明らかです。どんな状況に置かれようとも選ばれること、長期視点に立てば選ばれ続けることが経営の目的といえます。

新たな絆を構築するマーケティング

マーケティングは新しいつながりをつくるために必要です。経済環境、経営環境は常に変化しています。社会も変化の歩みを止めたことはありません。企業が永続を目指す限り、常に新しいつながりを求めざるを得ません。新しいつながりがないと、企業の成長に必要な採用が進みません。技術進歩など変化する環境に対応できません。課題解決に必要な能力を持った社員が現状として自社に在籍していなければ、社外から最適な社員を探すしかありません。新しいつながりを求めざるを得ません。

売上を立てるためには新しい顧客を獲得しなければなりません。新たな接点を持てるよう、接点を増やせるようにＳＮＳなど、インターネット広告を展開したり、営業を強化したりしないと顧客は増えないし、もちろん売上も増えません。新たな絆を構築することがマーケティングの目的といえます。

絆を強めて深めるブランディング

ブランディングはつながった関係をより強く、より太く、より深くするために欠かせません。つまり、つながった絆を強めて深めるのがブランディングなのです。せっかく、つながったとしても長続きしなければ、遅かれ早かれ経営は立ちゆかなくなります。離職率が高ければ、必然的に採用費用は高止まりし、収益を圧迫します。優秀な社員や幹部社員が競合企業や異業種に転職してしまえば、経営の土台が大きく揺らぎます。

顧客の購入・利用理由が価格選好であれば、より安価な製品・サービスが登場するといとも簡単にスイッチされ、乗り換えられます。結果として新規顧客を獲得するために広告宣伝や販売促進費用が増え続け、経営に重くのしかかります。高機能を搭載していたとしても、購入・利用後に放置し顧客へのアフターフォローや積極的なコミュニケーションが不足していれば、不満を抱えたままいずれ離脱してしまいます。売上高は安定せず、新規顧客獲得の費用が利益を吸い上げます。

2. 企業が発信する2種類の公式情報

2種類の公式情報を伝え続けてきた大企業

企業・組織は総体で見ると、日々、いや時々刻々、秒刻みに大量の情報を発信しています。インターネットが普及しデジタル化が急進する近年、企業社会だけをとってみても、生成され消費される情報はすさまじい勢いで増え、あふれかえっています。それぞれの主体はどんな情報を発信しているのでしょうか。コンテンツの性格によって、それら情報を分類することができるでしょうか。分類できるとして何種類に分けられるのでしょうか。

前章でも少し触れましたが、組織が発信する情報はたった2種類に分けられる、と私は考えています。正確に言えば、「公式」に発信する情報です。大企業、中でも先進的な取り組みをしている企業は2種類の情報を発信し続けてきました。情報を伝達する媒体が印刷媒体だった時代に始まり、今日のようにインターネットがあまねく普及した現代では、ウェブサイトやソーシャルメディアで発信し続けています。

大企業にとって、成長するために2種類の情報を伝えることは避けて通れない道、王道でした。王道を歩んできたからこそ、「今」があるのです。大企業へと成長した「今」でも、なお手綱を緩めることなく試行錯誤を繰り返しながら、あらゆる手法や手段を駆使して伝え続けることをやめていません。未来を切り開き、危機に備えるためです。

「表舞台」と「舞台裏」の情報

前置きが長くなりました。では、成長と存続に欠かせない、2種類の情報とは何でしょうか。それは「表舞台」の情報と「舞台裏」の情報です。では、それぞれ「表舞台」と「舞台裏」の情報とは何を指しているのでしょうか。企業でいえば、次ページのとおりです。

1つの「表舞台」に対して、6方向の「舞台裏」の情報

例えるなら、1つの「表舞台」に対して「舞台裏」には上下、前後、左右の6方向の情報があり

● **表舞台**

企業の基本情報（社名・設立・所在地・代表者・事業内容・拠点・沿革）
経営者のあいさつ／理念・ビジョン／事業・製品・サービスの詳細情報／
業績・実績／経営戦略／各種経営施策　など

● **舞台裏**

創業物語／製品などの開発秘話・苦労話／
調達・販売など各部門の現場レポート
社員（スタッフ）の失敗談・成長物語
理念・ビジョンを体現したエピソード
顧客体験／取引先やパートナー、株主の声

ます。「表舞台」は「点」です。どんなに熱心に伝えても「点」が広がるばかりで、いずれ情報の渦へとのみ込まれ、消えて忘れられる運命にあります。「舞台裏」は、それらの点と点同士をいくつも結び合わせることができます。

新製品の発売に当たってプレスリリースを作成、記者クラブに投函したり、プレスリリース一斉配信事業者のサービスを利用して配信したり、自社のウェブサイトで公表したりします。これは表舞台の情報です。この表舞台の情報からつながる六つの情報を例示してみます。

- 前：製品を開発するまでの失敗談や苦労話開発に懸ける思い
- 後：同製品の顧客体験談（どんな課題があり、なぜ選んだのか、使ってどうだったか）
- 左：部品・原料の調達、製造の現場（工場現場などを取材・レポート）
- 右：営業・販売の現場（取材・レポート）
- 上：事業領域に関わる市場の解説（動向・課題）

・下：製品を生み出すために必要な技術の解説（根拠・社会的意義）

例えば、６つの情報を広報専用ウェブサイトである「ニュースルーム」に公開します。テキストと写真で、あるいは動画で発信します。実際の丁寧な取材に基づく、インタビュー記事やレポート記事は熱量が違います。人の心を動かし、行動へとつながるエネルギーに満ちています。

世間が知りたいのは「ありのまま」、等身大の企業の姿

企業が発信する公式情報には、外してはいけない基本原則があります。すべて事実（ファクト）であることが決定的に重要です。決して着飾り過ぎてはいけません。きれいでしゃれた、格好いいデザインなどは一定の若年層などに憧れや期待感を生み出す効果があることも確かです。全面的に否定する気はありません。

ただ、採用のためのＬＰ（ランディングページ）上で発信する動画や、企業や商品の紹介動画など、ともすれば事実に脚色し過ぎた情報を発信しがちです。極端に聞こえるかもしれませんが、行き過ぎると虚偽の情報と判断され企業の信頼を土台から揺るがす事態に発展しかねません。

とかくブランディングという言葉は、洗練されたデザインなどクリエイティブを重視した文脈で捉えられています。その延長線上で必要以上に着飾り過ぎると、期待外れや失望を多く生み、その噂は広まり、結果的に選ばれなくなります。これは典型的な「選ばれないブランディング」の１つです。

企業社会において、広告では着飾ることはある程度許容されています。タレントを起用することが最たるものです。視聴者や読者も広告と認識しているので、この場合は何ら問題ありません。好印象という認知を獲得したい、という企業側の意図を理解しているからです。小さな子どもでなければ、誰も広告の内容をそのまま真に受けたり、本気にしたりはしないでしょう。広告はどこまでいっても印象、イメージが大事であり、事実は求められていません。

個人同士の人間関係において、人に不快感を与える外見には問題があります。評価を下げるような外見はもちろん避けるべきです。ただ、過度に着飾ることは実体とかけ離れた印象を植え付けることにつながるので、十分な留意が必要です。

企業が公式情報を発信する際のキーワードは「ありのままの姿」であり、「等身大」です。第5章で詳説するトヨタ自動車が配信する『トヨタイムズ』のコンセプトは「等身大」、「ありのまま」です。第1章で述べたとおり、内容は社内報そのものです。社内報は、社員それぞれが「自己開示」することで組織内に信頼や共感、一体感を生みだそうとする組織としての明確な意思の上に成り立っています。社内報の成否は「舞台裏」を明かせるかどうかに左右されるというわけです。

企業にとって情報発信は逃れられない宿命

企業・組織が発信するコンテンツはどんな情報が多いのでしょうか。すさまじい情報量がネット上を飛び交っています。メールマガジン、ソーシャルメディア、広告メール、動画広告、さまざま

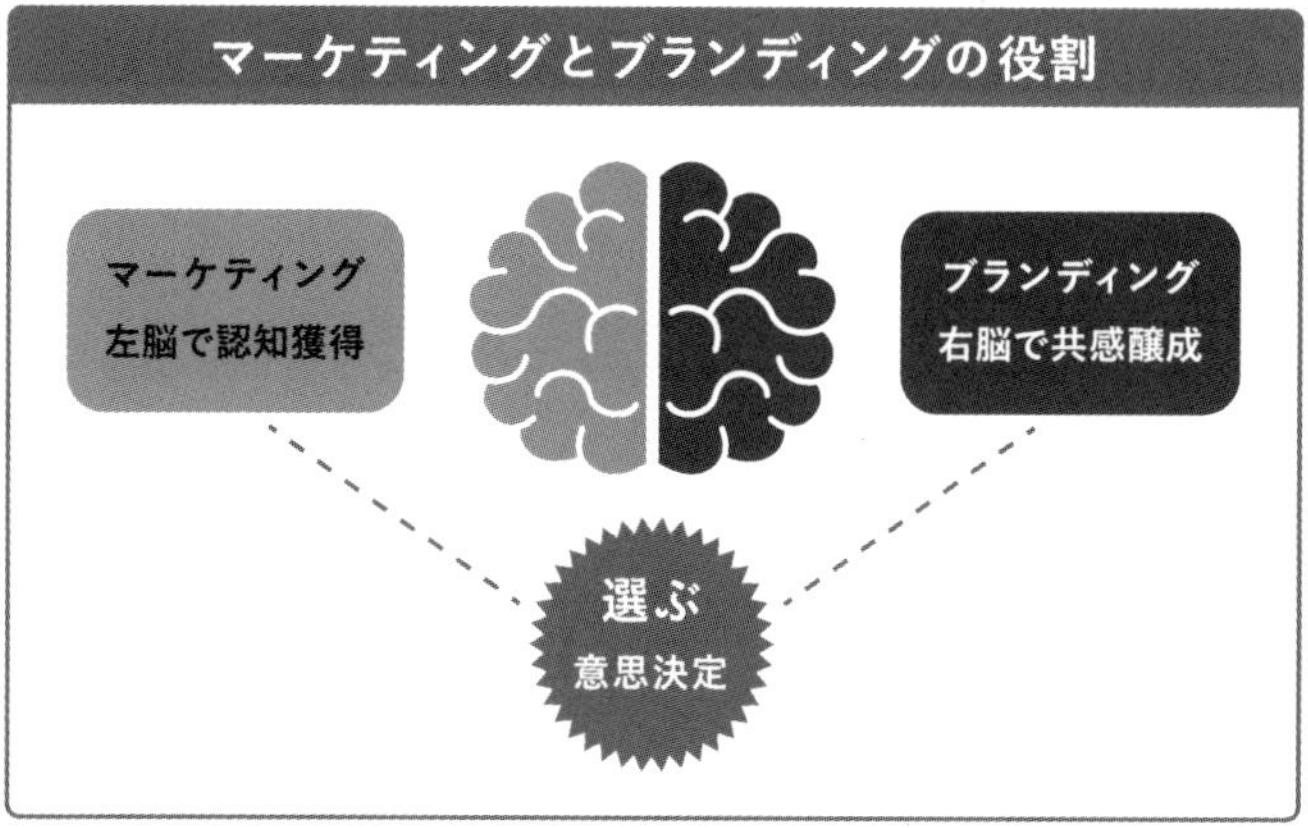

なウェブサイト上のポップアップ広告やバナー広告、ターゲティング広告など、枚挙にいとまがありません。ウェブサイト上で流通している膨大な情報はどんな内容でどんな種類なのでしょうか。

結論を言えば、ほとんどが「表舞台」の情報ばかりです。企業や商品・サービスの名称、ロゴ、企業の業績・実績、商品・サービスの機能、キャンペーンなどの告知系情報が大半です。前述したとおり、企業経営に欠かせない２つの現在進行形とはマーケティングとブランディングです。上図のとおり、マーケティングの役割は認知獲得です。重要なので繰り返し述べますが、知らないということは、すなわち「存在していない」に等しいと言えます。

どんな優れた機能を搭載していたとしても、どんなに優れたデザインだったとしても、知らなければ選択肢には挙がりません。選択肢に挙がっていないのですから、選ばれるはずがありません。不可能です。選ばれることが宿命の企業・組織にとって、情報発信もまた逃れられない宿命な

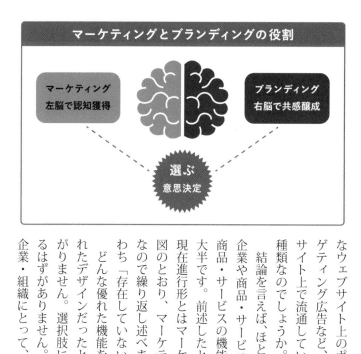

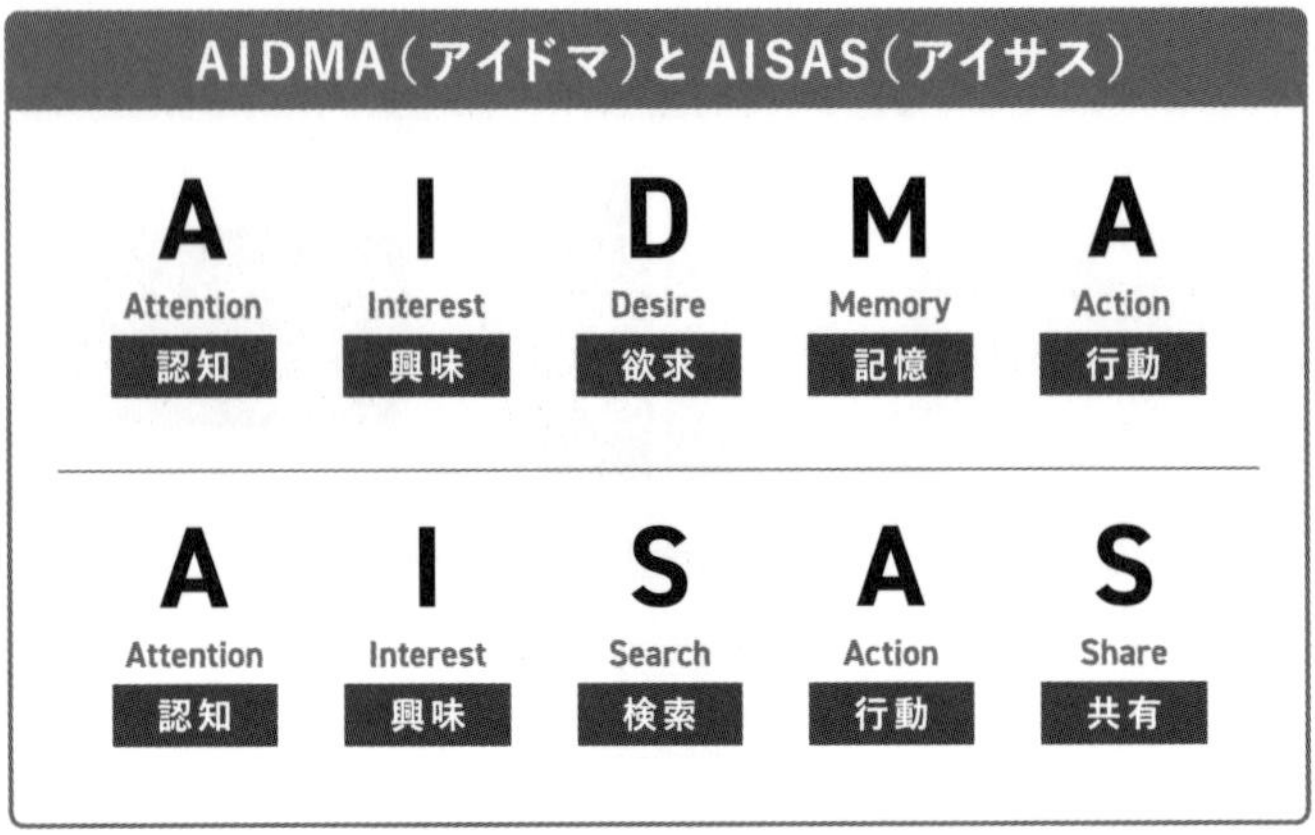

のです。知られなければ、選ばれないからです。知らないということは存在していないに等しく、選ばれないということだからです。企業・組織にとっては看過できない死活問題です。

購買行動のメカニズム、始まりは認知獲得

だから目立つこと、注意を引くことをしなければなりません。ここから始まります。当然、企業・組織は認知を獲得することから始めなければなりません。拙著の読者層は、購買行動のメカニズムとして有名な「AIDMA（アイドマ）」をご存じに違いありません。インターネット時代に入り、広告代理店の電通が提唱した「AISAS（アイサス）」も同様でしょう。詳細は上図をご覧ください。

いずれも最初は「A＝Attention」です。注意を引く、注目を集めることが起点です。なぜか。認知を獲得したいからです。知ってもらいたいからです。認知されなければ、選択肢にも挙がりません。それでは話になりま

せん。認知獲得は主に広告や営業の役割です。だからこそ企業は、企業名や商品・サービス名、ロゴ、企業の業績・実績、商品・サービスの機能、キャンペーンなどの告知情報を広告や営業という手法を駆使して発信しているのです。

企業社会では「リード獲得」という掛け声のもと、「表舞台」の情報が毎日どころか毎時間、いや毎分・毎秒、インターネット上を駆け巡っています。では認知を獲得するだけで、こんなにも競争の激しい市場で果たして選ばれるでしょうか。価格優位性がある。コストパフォーマンスが高い。機能・品質が優れている。どの企業もさまざまな理由を挙げ、自社を選んでもらおうと声高に主張しています。それだけで選ばれるでしょうか。

「表舞台」だけの情報発信では選ばれない

現代はあらゆる業種・領域でコモディティー（均一・同質）化が進んでいます。選択肢に挙がることができたとして、それだけでは十分ではありません。この厳然たる事実を直視しなければなりません。「表」の情報だけでは選ばれません。どんなに認知されたとしても、選ばれなければ意味がありません。

もし、価格が安いという理由で、つまり価格選好で購入したとしても長続きはしないでしょう。価格で勝る商品が現れれば、すぐにスイッチされてしまうのが関の山です。存在と機能（的価値）を認知しただけでは、選ばれ続ける状態はかなわないでしょう。

3．選ばれ続ける理由は「舞台裏」にあり

共感・一体感を醸成する役割を果たすブランディング

ブランディングとは、「自社の魅力を相手の心に焼き印する」ことです。輪郭が明確な焼き印をしっかりと刻むことがブランディングの役割です。上図にも記載のとおり、共感・一体感を醸成することがブランディングの役割です。選ぶ理由を、確かな理由を与えるのです。選ばれ続ける理由を生み出すのです。そのために鍵を握るのが「舞台裏」です。「舞台裏」を「見える化」した情報が重要です。

商品を開発するまでにどれほどこだわりを持って、品質向上や技術革新に挑戦してきたのか。失敗や苦労の連続を乗り越えてきた体験の1つひとつが、その過程で味わった思いの1つひとつが、「舞台裏」です。これらの「舞台裏」を着飾ることなく、ありのままを等身大で「見える化」することが決定的に重要なのです。熱量を帯びた情報、エネルギーに満ち

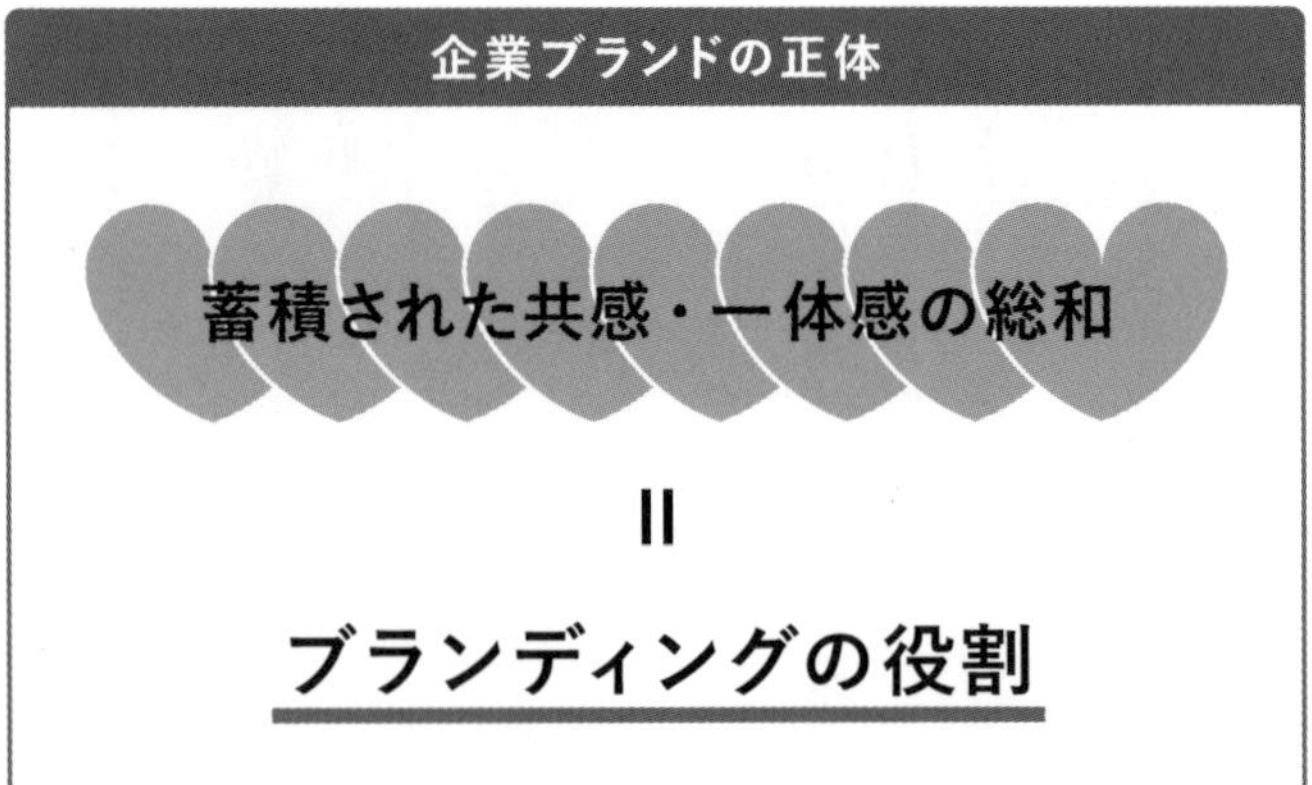

あふれた情報に触れることで、相手は追体験し、そこに共感が生まれ、選ぶ理由が生まれるのです。

第2章で詳説したとおり、企業に関わる人たちの言動こそが企業の人的魅力であり、これら人的魅力、つまり情緒的な側面の情報が伝わることで共感が生まれ、選ぶ理由が生まれるのです。「選ばれるブランディング」とは、すなわち相手（利害関係者）側に「選ぶ理由」をつくることともいえます。

人的魅力を伝えるラグジュアリーブランド

企業の人的魅力を代表するものが何かと言えば、創業ストーリーはもちろんのこと、第2章で明らかにした、その企業で働く人たち、とりわけこだわりを持った職人・技術者たちの開発秘話などのストーリーでしょう。第1章で紹介した、カルティエを擁する欧州の代表的なラグジュアリー企業の1つ、リシュモンを例に人的魅力とは何かを掘り下げてみましょう。ここでも第1章で紹介した長沢教授の書籍から示唆に富んだ実例を紹介します。

リシュモングループ傘下の企業では、創業者、職人、技術者、デザイナーという人物たちが情熱とこだわりをもって起業したり、卓越した製品をつくったり、洗練されたデザインを表現したりしています。製品そのものの機能的価値を伝えるだけでなく、彼らのような人物たちの目に見えない情熱やこだわり、つまり彼らの人的魅力をも伝えることで情緒的価値を形成し、「選ばれるブランディング」を成功に導いていることがリシュモングループの特筆すべき点です。

長沢教授は「創業者以外にもブランド哲学を理解して、その世界観をプロダクトや店舗などの空間で表象化することができ、顧客に『らしさ』として受け入れられるようなものを作ることができる人物がいるということは、ブランドの特徴が確立している証でも」ある、とその重要性を説いています。カルティエは、ブランドの歴史と起源に関わりが深い人物（デザイナー）に光を当てることでブランドの価値を高めてきました。

その1人が1933年から1970年までクリエイティブ・デザイナーを務めた女性、ジャンヌ・トゥーサンだといいます。カルティエは2018年に公開された映画『オーシャン8』（ワーナーブラザーズ配給）の公式ジュエリーパートナーとして全面協力をしたそうです。ストーリーは、女性たち8人で構成される窃盗団が1億5000万ドルのダイヤモンド・ネックレス『トゥーサン』を盗み出すというものです。

「伝統あるジュエリーメゾンであるカルティエのクリエイションを最初に率いた女性である彼女の名前を冠して、世界中に知らしめることで敬意を評しつつ、幅広い層に対して改めてカルティエの存在を知らしめることとなった」と、人物に光を当てることの価値を長沢教授は評価しています。

岐阜県関市の刃物メーカー

日本の老舗企業は、ラグジュアリーブランドのように歴史、土地、人物、技術というブランド資産（経営資源）を備えていないのでしょうか。日本の職人たちには情熱やこだわりがなかったのでしょうか。決してそうではありません。数ある老舗企業の中で刃物メーカーに焦点を当て、その歴史や現状を確認してみましょう。

２０２１年11月下旬、東海テレビのニュースで同年上半期に世界一売れた日本の商品が紹介されました。国境を越えたオンラインショッピング、いわゆる「越境ＥＣ」での話です。その商品は、岐阜県関市にある刃物メーカー「やおき工業」の手芸用はさみでした。わずか従業員20人の中小企業です。同ニュースでは、「世界の人の心を掴んだ、熟練の技術で作られたメイドインジャパンのハサミには、使いやすさを極限まで追求した匠の技が」（原文のママ）あった、と報じられました。コロナ禍になり、世界中で「おうち時間」が増え、刺繍や眉を整えるなど用途が広がり、中国を中心に世界でヒットしたといいます。切れ味が鋭いはさみは40年のベテラン職人が１つひとつ手づくりしています。最終的な仕上げで2枚の刃に互いに反りを入れ、一番細い先端で切れ味を出すための難しい工程は機械ではなく、手作業で行います。

実は岐阜県関市は世界三大刃物産地、包丁の産地として知られています。日本は古くから刀が多く使われ、各地で刀の開発が行われてきました。その歴史により刃物の製造文化が養われてきたといいます。

国内伝統工芸品の専門メディア『ＢＥＣＯＳ　Ｊｏｕｒｎａｌ（ベコス・ジャーナル）』によると、関で刃物づくりが行われたのは鎌倉時代だといいます。「刀祖とされる『元重』が関に移り住み刀鍛冶を始めたのがルーツ」と言われています。「土地に良質の焼刃土があり、炉に使う松炭、長良川と津保川の良質な水と刀鍛冶にとって最高の条件が整っていた」そうです。そのため、「室町時代に入ると刀匠の数は３００人を超えた」といいます。

日本は世界でも有数の刃物産地

情熱とこだわりを兼ね備えた人物、そして技術が生み出される土壌があったということです。つまりブランド要素（経営資源）としての「人物」と「技術」、さらには800年の「歴史」と「土地」という4つの要素すべてが備わっていました。江戸時代に入り、刀の需要が減りましたが、包丁、ナイフ、はさみなどの刃物製品の生産が盛んになったようです。前述の「やおき工業」もそんな関市の歴史や土地を受け継いだ先にベテラン職人がいたわけです。

関市に加え、大阪・堺市、新潟・三条市は日本の三大刃物産地として有名です。日本の包丁はその美しさと切れ味の鋭さ、種類の豊富さで世界中の料理人を魅了しているといいます。日本人には案外知られていませんが、日本の包丁やナイフは国際的なナイフショーやデザインコンテスト、商品テスト雑誌で高い評価を得ています。

米国で開催される世界最大の刃物産業の展示会ブレードショーで、「キッチンナイフ・オブ・ザ・イヤー」を10年以上連続で受賞したり、ドイツで行われる世界的に権威のあるデザイン賞「iFデザインアワード」プロダクト部門で最優秀賞「ゴールドアワード」を獲得したりしています。肝心の日本人にほとんど知られていないのが残念でなりません。

創業100年を超える堺市に本社を構える「高橋楠」は、ウェブサイトで職人たちの技術や思いを伝えています。堺の和包丁は分業制で鍛冶職人、刃付職人、柄職人は代々の伝統技術を継承しているといいます。

世界の料理人を魅了する和包丁

「飲食店ドットコム」が運営するウェブマガジン『厨房マガジン』の記事（２０１７年11月15日付）によると、１９６０年代後半にはパリの有名シェフだったポール・ポキューズ氏は、日本の包丁を使っていたそうです。ポキューズ氏はヌーベル・キュイジーヌ（フランス語で「新しい料理」を意味する、調理法・スタイルの１つ）の旗手であり、「繊細で華やかな料理を作るのに日本の包丁が寄与した」といいます。

さらに「フランスのスター・シェフであり、パティスリーやビストロ、近年ではショコラトリーをオープンしたシリル・シニャック氏も日本の包丁を愛用している」というのです。

私たち一般人にはほとんど知られていませんが、「フランスの三ツ星シェフ・ミシェル・ブラス氏などの著名な料理人たちが、『自分が求める包丁をつくりたい』と日本の刃物メーカーと共同開発を行う」ほど、高く評価され、人気を集めているようです。

同記事によれば、「近年、ニューヨークの高級レストランのシェフたちも、繊細な和食の影響を受け、日本の包丁を愛用している」ようで、「なかでも、『ユニオン・スクエア・カフェ』のシェフ、マイケル・ノマーノ氏は、日本の包丁を１００本以上も持っている」ほど、日本の包丁に惚れ込んでいるとのことです。

ちなみに日本のマスメディアの中で、「業界紙」は一般的に知られていません。しかし、その取材力と情報網には定評があります。決して侮れない、確かな情報源といえます。

「舞台裏」に潜む人的魅力を見える化

このように日本国内にも、欧州のラグジュアリーブランドに引けを取らない老舗ブランドが存在しています。世界で著名な料理人たちが顧客であり、彼らを魅了し高評価されているという事実は、日本の老舗刃物メーカーにおける人的魅力そのものです。彼らの体験や声が確かなブランドであることを証明しています。著名料理人たちの心には、歴史や土地に連なるストーリーと確かな技術に裏づけされた包丁の魅力が「焼き印」されていると言えます。

ただ、まだまだ一般には知られていません。これら「舞台裏」に潜む人的魅力などを見える化して、伝え広めることで、「情緒的価値」はさらに高められ、もっと選ばれるようになるでしょう。

4.「舞台裏」を報道し続けるマスメディア

駅伝人気を支える「舞台裏」報道

マスメディアは実にこの「舞台裏」を伝えることに長けています。「舞台裏」を伝えたがっています。その実状を垣間見てみましょう。

２０２３年1月3日、「第99回東京箱根間往復大学駅伝競争」で駒沢大学が見事2年ぶり8度目の総合優勝を果たしました。ここ2~3年は新型コロナウイルス感染症拡大の影響で沿道での応援は規制されていましたが、それまでは毎年大勢の観客でどの沿道も賑わっていました。正月恒例の風物詩ともなっている箱根駅伝とはいえ、本番のレース報道だけでは、こんなに多くの熱烈な駅伝ファンは生まれなかったし、人気も定着しなかったでしょう。

なぜ、ここまで根強い人気があるのか。そこには「舞台裏」を報道し続ける、メディアの力が大きく影響していることは間違いありません。定番となった各駅伝チームの本番に臨む「舞台裏」、大会終了後には優勝校をはじめ、さまざまなドラマの「舞台裏」が毎年繰り返し報道されます。

今年も例年どおりでした。長年、このルーティーンのような報道を積み重ねてきたことが、熱心な大勢のファン誕生に貢献したことは疑う余地がありません。「舞台裏」に触れることで感動が増幅し、ファンが生まれ、拡大するのです。

ラグビー・ワールドカップと東京オリンピック

４年前の２０１９年を振り返ってみると、秋以降はラグビー日本代表の報道一色と言っていい状況でした。日本代表がラグビーワールドカップで初めてベスト8に進出したからです。さらにその４年前のワールドカップでも盛り上がりを見せました。ただ、その勢いは長く続かず、年月の経過とともに徐々に陰りが見え、大会前にはそれほど注目されていなかったように感じていたのは、私だけではないでしょう。

しかし、一戦一戦、勝利するたびに報道合戦も勢いを増し、選手たちの舞台裏が画面に何度も映し出されました。年をまたいでもその勢いは衰えを感じさせませんでした。「にわかファン」が流行語になったほどです。

２０２１年に開催された東京オリンピックでも同じような現象が起こりました。私が注目したのは、決して国民的とは言えないマイナーと呼ばれる競技です。一部の熱烈なファンに支えられているとしても、老若男女にまで認知が広まっているとはいえない競技にひかれます。日本のアスリートの金メダル獲得を機に一躍脚光を浴び、一気に国民全体に知れ渡ります。

マイナー競技の「にわかファン」が急増する理由

今回で言えば、それは間違いなくスケートボードでしょう。男子ストリートで堀米雄斗さん、女子ストリートで西矢椛さん、女子パークで四十住さくらさんが金メダルを獲得しました。女子パークで開心那さんが銀、同ストリートで中山楓奈さんが銅を獲得し、同競技だけで合計５つのメダルを日本にもたらしました。この出来事は、２年が経過した今でもまだ皆さんの記憶に新しいのではないでしょうか。

それまでオリンピック競技でなかったこともあり、そのインパクトは予想を超えるほど大きかったと言えます。たとえ失敗したとしても高難度の技に挑戦した選手を敵味方関係なく皆で称賛し抱き合い、その姿勢に敬意を表す姿が映し出され、競技以上に強烈な印象を与えました。メダル獲得後、密着取材や家族などが提供した過去映像をもとにオリンピックに至るまでのアスリートの人生が繰り返し報道されました。

メディアが「舞台裏」を好きな理由

マスメディア、特にテレビはまさしく「舞台裏」を報道してみせました。オリンピック終了後しばらくの間、このような報道は続きました。これらの報道に接し、間違いなく日本全国の大勢の子どもたちが感動し、メダリストの姿や競技が醸し出す雰囲気がその心に焼き印され、中にはそれがきっかけでスケートボードを始めた子もいたでしょう。より熱心に取り組む子どもたちが増えたことも容易に想像できます。

なぜ、こうもメディアは「舞台裏」を取材したがるのでしょうか。本書で取り上げた例はほんの一部に過ぎません。「舞台裏」と同様の言葉として、「秘話」や「真相」も挙げられます。私はＧｏｏｇｌｅアラートに「舞台裏」をキーワード登録しています。すると、タイトルや本文に「舞台裏」と記載された記事が毎日送られてきます。政治、経済、芸能など、実に広範囲にわたるニュースで「舞台裏」という言葉は活躍しています。

メディアがこんなにも「舞台裏」好きなのには理由があります。それは世間が、われわれ生活者、視聴者、読者が「舞台裏」に心ひかれるからです。その情報を欲しがっているから、好きだからです。「舞台裏」の情報に触れると心が動くからです。

自分自身がどんなニュースに目がとまり、思わず読んでしまうのか、見入ってしまうのか。冷静に振り返れば、自明の理といえるのではないでしょうか。メディアとしても、そんな人間心理を踏まえると一定の視聴率が稼げるし、見込めるからでしょう。

5．人気動画サイトの秘訣は「舞台裏」

テレビを凌駕するほどの影響力を持つユーチューブ

「舞台裏」に心ひかれ、心が動くという生活者の傾向は、ユーチューブなどの動画系サイトが人気であることに顕著に現れている、と私は見ています。２０２１年1月、ＮＴＴドコモモバイル社会研究所がスマホ・ケータイ所有者の動画サービス利用とユーチューブ利用動向について調査を実施し、同年6月9日に調査結果を公表しました。

無料動画サービスの中で最も認知率が高かったのは、ユーチューブで何と96・9％でした。10～20代、40～50代では98％を超えています。利用率を見てみると、男性の10～40代では約7～8割が視聴しています。男性50代も約65％が視聴しています。女性の10～30代では約7～8割が視聴、特に女性10代は約85％にも上ります。女性40～60代でもいずれも5割を超えています。認知率も利用率も目を見張るばかりの驚愕の数字です。

次に同年8月28日の『ＮＥＷＳポストセブン』（小学館）のウェブ記事から、ユーチューブの実状をいくつか紹介します。日本において登録者が１００万人を超す人気ユーチューバーのチャンネルは、２４０を超えるといいます。総合力で見ると今やテレビを凌駕（りょうが）するほどの影響力があり、チャンネルのジャンルは細分化されています。「ヒカキン」さんと「はじめしゃちょー」

さんは、登録者が1000万人を超えています。

格闘技系のチャンネルに注目

私はどうかと言えば、利用してはいましたが、約4年前までは少し気になった歌手やアーティストのMV（ミュージックビデオ）を時折視聴する程度に過ぎませんでした。ヒカキンさんは、それ以前より顔も名前も知っていたし、テレビ番組に出演した姿をたまたま見たこともあったので、存在そのものは認知していました。チャンネルは一度も視聴したことはありませんでしたが。

コロナ禍に入った頃、なぜユーチューブはこんなにも広がり、視聴者が増え続けているのかを探りたい衝動に駆られました。広告収入で生活が一変した一般人がいたり、芸能人同様の、場合によってはそれをしのぐほどの認知や人気を集めるユーチューバーもさまざまなジャンルで登場したりしていました。そこで遅ればせながら私自身もユーチューブをもっと積極的に利用することから始めてみることにしました。

私が関心を持ったチャンネル・ジャンルの1つは、格闘技系でした。小学校時代に少年漫画『空手バカ一代』にはまり、すっかり極真空手に魅了された私です。中学時代は仲のいい友人たちが空手道場に通っていました。親の許しを得ることができず、私は通えませんでしたが、毎日風呂上がりに両足の柔軟体操をして180度の開脚を目指しました。

筋力も必要だから腕立て伏せを毎日行い、黙々と限界に挑戦し、卒業時には300回できるようになっていました。高校時代は、空手が強くなるためには柔道が必要だという極真空手の大山倍達総裁（故人）の言葉に従い、柔道部に入部しました。部活終了後には1人で体育館に向かい、ベンチプレスで胸筋を鍛えました。２年生の冬には１１０ｋｇを持ち上げるまで鍛え上げました。

もちろん格闘技観戦（地方出身なのでもっぱらテレビ観戦）も大好きでした。高校時代は新日本プロレス、上京以降は極真空手の延長で「Ｋ―1」にはまり、「ＰＲＩＤＥ」に至るまでテレビ観戦に熱中、情報収集にも余念がありませんでした。そんな背景もありましたので、ユーチューブの視聴も格闘技系が主流でした。

格闘家は私生活を動画で公開

まず、著名な格闘技団体の公式チャンネルで過去の試合映像を視聴することから始めました。次に注目したのが、朝倉未来さん（登録者３３１万人／２０２３年１１月現在）や安保瑠輝也さん（登録者65・５万人／２０２３年11月現在）の動画です。ユーチューブ自体に中毒性があるためか、一時期かなりハマりました。「喧嘩自慢」など、公式試合や練習風景、試合後の様子などとは無関係な動画のほうばかり視聴していました。

格闘家としての立場からすると、私生活に当たる動画です。ある意味、彼らは芸能人以上に私生活を切り売りしてネタにしています。ただ、彼らの広告収入は相当なものですから、どちらも本業といえますが。それでもやはり、私生活を番組にしていることに変わりはありません。

出場者を決めるオーディションが話題沸騰

最近でいえば、前述の朝倉さんが主催する「Ｂｒｅａｋｉｎｇ Ｄｏｗｎ（ブレイキングダウン）」が格闘技ファンの中で物議を醸しています。１分間最強を決める格闘技エンターテイメントと銘打ち、プロの格闘家から「喧嘩自慢」と呼ばれる一般人が参戦しています。賛否両論が飛び交いつつも、今まで格闘技に関心がなかった大量の人たちを多いに魅了し、呼び込んでいます。

試合そのものよりも注目を浴びているのが、出場者を決めるオーディションです。このオーディションはユーチューブで配信され、視聴者から圧倒的に支持されています。オーディションで「爪痕」を残した者たちから人気ユーチューバーの仲間入りする人が現れるなど、まさに「舞台裏」が視聴者の心を鷲づかみにしています。試合後の出場者へのインタビューや、出場者のユーチューブ番組も軒並み登録者が増えているようです。

猫、料理など多彩な動画番組

私の妻はどうでしょうか。５、６年ほど前から猫のチャンネルと料理系のチャンネルをよく視聴していました。猫の動画は癒やしとして、料理の動画は娘のお弁当づくりや夕食のメニューとして重宝しています。いずれも視聴を始めたばかりの頃は登録者数が確か10万人前後（これでも相当なものですが）でした。

ところが現在では猫系番組『もちまる日記』が２１６万人（２０２３年11月現在）で総視聴数は

22億回（同）を超えるほどです。主婦の料理系番組『にぎりっ娘』が129万人（2023年11月現在）で総視聴数約2億1400万回（同）。それぞれ驚異的な数字を上げています。もともとはごく普通のいわゆる一般人たちです。

妻によると、『もちまる日記』は3階建の「猫御殿」を建て、『にぎりっ娘』はお弁当づくりに関する書籍を出版しました。なぜこんなにも熱心に視聴するのか。私も妻も動物は苦手です。娘たちが小さい頃、飼いたいとせがまれましたが、かたくなに断り続けました。ただ、妻は猫の動画を視聴することで癒やされるようで、『もちまる日記』の猫はとにかくかわいいから人気があるとのことでした。『にぎりっ娘』はもの静かな声と失敗しても気にせず、つくっている姿勢にひかれていました。

報道の裏側を読み解く番組

最後にもう1つの事例として、政治・経済系の番組『松田政策研究所チャンネル』を紹介します。元・財務省官僚で衆議院議員の経験もある、松田学氏（現・参政党・党首）の番組です。私の知人が事務局長として同番組の企画・撮影・編集を担当しています。登録者は約27万人（2023年11月現在）です。総視聴回数はまもなく5700万回（同）を超えています。

この手の硬派な番組では異例ともいえる数字ではないでしょうか。大学教授、科学者、編集者、歴史家、文筆家、政治家など、多彩な有識者との対談を柱に、松田氏が最新の時事ニュースを解説しています。

番組を開設（２０１８年2月14日）してからしばらくは登録者数も視聴数も伸びませんでした。飛躍の原動力となったのが前述した有識者たちとの対談です。彼らは確かな専門知識を武器にネット界隈では影響力もあり、一定の登録者を抱えていました。松田氏は非常に頭脳明晰でどんな話題でも対応できる人です。

テレビを筆頭にしたマスメディアにはあまり出演しない人たちを招へいし、マスメディアが報道しない情報を熱心に週2〜4本、発信し続けました。真実に迫る知見とデータに基づく事実（ファクト）を示し、報道の裏側を見事に読み解いてみせました。視聴者に冷静な分析や論理的な思考を呼び起こす情報の数々が確かにそこには存在していました。

制限や縛りから解放されたユーチューブ

ここまでいくつかの系統のユーチューブ番組を紹介しました。これら番組が視聴者の関心を集める理由は何でしょうか。なぜ、人が集まり、注目されるのでしょうか。まず言えることは、テレビ番組ができないことでもユーチューブ番組ならできてしまうからでしょう。

これは動画に限らず、文章でも共通して言えることですが、インターネット上では時間や文字数に制限や制約がありません。テレビはチャンネル数が決められているので、どの番組も尺（放映時間）の縛りがあります。そこからは逃れられません。プロフェッショナルとの自負心の故に映像の質や編集にもこだわります。そもそもユーチューブは個人の趣味の延長ですし、視聴端末もスマートフォンですから、視聴者はそんな高度なことは求めていません。

コンプライアンスの問題もテレビほど厳格ではありません。ですから、かつての地上波テレビの深夜番組のような内容など何でも発信できてしまいます。ただし、ユーチューブが定めた基準に反しない限りという条件付きです。別の意味で自由を制限している面がありますが、本題とずれてしまうので、本書では言及しません。要は制限や縛りから解放されていることが強みと言えます。

人気動画サイトに共通するキーワードは「舞台裏」

ユーチューブはなぜこれほどまでに視聴者をひきつけるのでしょうか。

私はその重要なキーワードの1つが「舞台裏」だと解釈しています。普段の日常生活（テレビ視聴を含む）の中では決して知り得なかった情報が多くの人々の心をつかみました。私生活は本人やその家族以外にとっては「舞台裏」の情報です。彼らは惜しげもなく、自らの「舞台裏」をさらしてみせました。テレビが報道しない事実、メディアのバイアス（偏向）や編集が入らない事実や言論を配信しました。

ユーチューブがここまで広がったのには他にもさまざまな要因があるでしょう。ただ、人間心理からみても「舞台裏」が、ユーチューブ人気の理由を読み解く重要なキーワードの1つであることは間違いないでしょう。

第4章　「選ばれるブランディング」を実現する

1. 魅力あふれる「舞台裏」の見つけ方

企業の成長物語を織りなす小さな物語やエピソード

前章の第3章で詳説したとおり、企業ブランディングとは、自社の魅力を利害関係者の心に焼き印することです。魅力を焼き印するということは、すなわち魅力を伝えるということです。特に自社の人的魅力を伝えることが「選ばれるブランディング」においてどれほど重要かを解き明かしました。魅力が伝わらなければ、選ばれません。「選ばれないブランディング」の典型が、製品などの機能的側面の情報ばかりを伝えて、人的魅力を伝えようとしないことです。

伝えるということは、当然のこととして、その前提として自社の魅力が何なのか、自社にはどんな魅力があるのかが明らかになっていなければなりません。自社の「舞台裏」こそが、自社の魅力であるということを第3章で詳しく解き明かしました。では、実際にどうすれば、何をすれば、自社の魅力を明らかにできるのでしょうか。そのためには魅力を「洗い出し」しなければなりません。

近年、企業社会では「ストーリー」という言葉、特に創業者の起業・創業の物語が脚光を浴びています。創業時に限らず、企業の現在に至るまでの営みの1つひとつが自社の物語を形成していきます。利害関係者たちはどんな立場であろうとも、自社の物語における重要な登場人物です。利害関係者たちそれぞれが生きている場所、現場こそが、自社の「舞台裏」です。「舞台裏」には小さな物語、エピソードがあふれています。彼らの姿と振る舞いを正面から見つめ、その声を、真意を聞き出すのです。

つまり、現場に出向き、彼らの行動を取材するのです。開発の現場、営業の現場、採用の現場で誰がどんなことに取り組んでいるのか、何を考え、何をしてきたのか。顧客がどんな体験をしているのか、何を思い、何を感じているのか。これらを直接取材します。現場こそ、企業のダイナミックな成長物語を織りなす、小さな物語やエピソードに満ちているのです。

事業形態がＢｔｏＢであれば、社長だけでなく現場で関わっている担当者の話を傾聴するのです。共に価値を生み出している取引先の社長や現場担当者から、どんな思いで仕事に取り組んでいるのか、自社と関わっていることをどう感じているのかを１つひとつ丁寧に聞き出します。

自社の魅力を徹底的に洗い出す

それぞれの関係者たちと正面から向き合いましょう。自らの目でそのありのままの、等身大の姿をしっかりと観察し、その振る舞いの真意を洞察しましょう。自らの耳でその心の内に秘めた感情や思いを傾聴しましょう。それぞれの利害関係者の「舞台裏」の１つひとつを取材することで、今まで気づかなかった、見えていなかったことが浮かび上がります。それは自社の魅力そのものです。

自社の魅力を利害関係者の心に焼き印することがブランディングです。経営者は、自社の魅力をどれほど把握しているでしょうか。利害関係者と向き合うことなく、「舞台裏」を取材することなく、自社の真の魅力を知ることはできません。超能力者ではないのですから、向き合わず、取材もしなければ、自らの魅力に気づけるはずがありません。魅力に気づかなければ、魅力を取りこぼしていれば、そもそも魅力を焼き印できるはずがありません。

ですから、焼き印する前に、伝える前に魅力を徹底的に洗い出すことから始めるのです。魅力の洗い出しとは、すなわち「舞台裏」を見つけるということにほかなりません。

魅力あふれる「舞台裏」の見つけ方

自社の魅力を焼き印するためには、その大前提として自社の魅力を洗い出す必要があると述べました。焼き印すべき、伝えるべき魅力とは何なのでしょうか。共感を醸成できる種になる魅力を1つひとつ明らかにすべきです。重要なので、あえて繰り返し述べます。企業経営の「舞台裏」こそ魅力の宝庫なのです。では、具体的にはどうやって「舞台裏」を見つければいいのでしょうか。何が「舞台裏」なのでしょうか。先ほど述べたことをもう少し掘り下げ、紐解いていきます。

経営の物語における重要な登場人物そのものに光を当てることで、「舞台裏」が見えてきます。「舞台裏」が見つかるのです。光を当てなければ、見えませんし、見つかりません。その登場人物たちが生きている現場にも光を当てることです。普段、見過ごしがちな経営のさまざまな場面における細部にまで光を当て、「舞台裏」を照らします。照らすことで、くっきりと姿が現れます。照らす方向、角度は「人物」「現場」「細部」の3つです。角度というか、キーワードともいえます。

第2章で述べたとおり、「表舞台」は結果です。「舞台裏」は過程であり、両者の関係は点と線（面）、静と動、モノ（粒子）とコト（波）です。「舞台裏」は時間軸と空間軸という両軸で構成されています。時間軸とは過程、空間軸とは周囲との関係性です。

ここでのキーワードは「過程」と「関係性」の2つです。

・キーワード群①：人物／現場／細部

・キーワード群②：過程／関係性

この2軸を掛け合わせることで、もっといえば5つのキーワードを組み合わせることで、漏れなく「舞台裏」をあぶりだすことができます。見落とすことなく、見つけることができます。このことは第1章のラグジュアリーブランドで示した歴史、土地、人物、技術と相通ずることです。情緒的価値を形成するために欠かせない要素です。

人物にスポットライトを当てる

人物とは誰のことでしょうか。企業を取り巻く関係者、すべての利害関係者です。相手が法人である場合、その法人に所属する特定の人物に、つまり個人にスポットライトを当てます。個々人に直接インタビューし、傾聴するのです。そうすることで自社の人的魅力を浮き彫りにします。

自社はなぜ選ばれたのか、なぜ共感を獲得できたのか。例えば、自社の製品・サービスの購入・導入を決定した人は誰なのか。現場で窓口を担当した個人に直接、なぜ選んだのか、利用してみてどう感じているのかを聞き出すのです。何が決め手だったのか、引き出し浮かび上がらせます。傾聴することで、今まで気づかなかった魅力を新たに発見できます。改善点が見つかる場合もあります。改善点が見つかったら、磨きをかけて魅力を光らせればいいのです。

光を当てる人物は主に3種類に分けられます。光を当てることで、いずれも自社の人的魅力が浮き彫りにされます。

① 経営者・社員（スタッフ）
② 顧客
③ 取引先・パートナー・株主

1つひとつ、もう少し深掘りしてみましょう。

2．人物に光を当て、魅力を浮き彫りにする

切り口は「過程」と「関係性」

①経営者・社員（スタッフ）

インタビュー対象は、創業者、現・経営者です。対象を社員とした場合、役員などの幹部、中堅・新入社員など、世代や立場の違う多様な人たちにインタビューすることが大切です。自分の会社・組織を見つめる視点がそれぞれ違います。生え抜き社員なのか、中途入社なのかによっても感じ方

が違うでしょう。多様な人材にインタビューすることで、多角的な視点から企業の価値が浮き彫りにされます。

創業者が存命であれば、創業するまでのストーリーを聞き出すのです。どんな人生を歩んできたのか。もともと起業を考えていたのか。であれば、いつ頃から目指していたのか。何がきっかけとなり、どんな思いで起業したのか。創業期、どんな苦労や失敗があったのか。創業前後の「舞台裏」に光を当てるということです。すでに他界しているのであれば、創業時を知るスタッフ、現在の経営者などから聞き出します。

つまり、これらインタビューの切り口は「過程」です。1人の人物の生い立ち、創業物語という「過程」であり、時間軸が根底に流れています。対して、もう1つの切り口は「関係性」です。現時点の取り組み、周囲・他者との関わりに着目したもので、空間軸で見つめることが大切です。例えば、経営者の場合だと、経営理念やビジョンとどう向き合いながら仕事をしているのか、実現のためにどんな努力をしているのか、という理念・ビジョン体験です。

あるいは周囲との関わりでいえば、経営者を知る人物と対談や鼎談の場を設けることです。取引先企業の経営者や長期で支援している安定株主、自社が属する業界の有識者（大学教授・社会起業家）たちとの対話です。テーマは自社の強み、社会課題に対する処方箋、業界の未来など、いくつか挙げられます。対談・鼎談のその場で化学反応が起こり、新たな魅力が発見できるかもしれません。

対談や座談会で自社の埋もれていた魅力をあぶり出す

役員・中堅社員の場合、「時間軸」を切り口にすると、生い立ちに始まり、なぜ今の会社を選んだのか、どんなキャリア・職務経歴をたどってきたのか、現在の立場になるまでにどんな苦労や失敗があったのか、どんな成功体験をしてきたのかなど、数え上げるときりがないほどです。「空間軸」ですと、仕事への向き合い方、経営者や同僚、部下に対する思い、将来展望などです。経営者との対談、役員同士の座談会を行うことで、自社の埋もれていた魅力があぶり出されることもあるでしょう。

新入社員であれば、生い立ちや志望動機、入社してからの体験談、会社への期待、キャリアに対する考え方、将来展望を聞き出します。経営者や役員との対談、新入社員・若手社員たちの座談会などを企画することで、価値観や時代感覚の違いがあぶり出されるに違いありません。先輩社員たちが、今でいう「Z世代」に対する理解を深める機会にもなるかもしれません。

第5章で紹介する、トヨタ自動車が運営する『トヨタイムズ』のコンテンツ「日本のクルマづくりを支える職人たち」は好例といえます。プレス金型職人の仕事内容の紹介にとどまらず、歩んできた道のりや人柄にまで踏み込んでいます。そうすることで、トヨタの魅力がより「広く・深く・濃く」、多角かつ重層に浮き彫りにされるのです。

第1章で取り上げた転職支援会社エン・ジャパンのウェブ社内報「ｅｎ ｓｏｋｕ！」も、社員たちの目線で日々の出来事をレポートすることで会社の人的魅力があふれるコンテンツとなり、多くのステークホルダーの心を魅了していました。

魅力を多面的に解き明かすために顧客を関わり方で細分化

②顧客

インタビュー対象は顧客です。法人の場合、経営者、現場責任者・社員など組織内の個人に光を当てます。個人・法人を問わず、それぞれの顧客がどんな体験をしたのかをインタビューします。最近の流行で表現すると、顧客体験、ユーザーズボイス、ＶＯＣ（ボイス・オブ・カスタマー）です。ＩＴ（情報通信技術）やＳａａＳ（サーズ／必要な機能を必要な分だけサービスとして利用できるようにしたソフトウェア）企業では「導入事例」という名称で知られています。

ここで重要なのは関わった人物が登場しない、単なる事例紹介では魅力は伝わらない、ということです。人物が登場しないのですから、人的魅力が伝わるはずがありません。

また、顧客もひとくくりにはできません。魅力を多面的に解き明かすため、価値を浮き彫りにするためには細分化が欠かせません。製品・サービスの種類によって顧客層に違いがあるでしょうから、それぞれにインタビューします。顧客生涯価値（あるいは売上高規模）による分類も可能です。新規顧客、ファン、ロイヤルカスタマー（長期優良顧客）、エバンジェリスト（伝道者）、という関わり方（関係深度）でも分類できます。

聞き出す内容は、どんな悩み・課題を抱えていたのか（背景）、なぜ選んだのか・選び続けているのか（理由）、購入・利用してみて実際どうなのか（体験）、といったことです。顧客が法人の場合、前提としてどんな事業を営んでいるのか、という企業そのものを紹介することも忘れてはなりません。

経緯・理由、内容・役割、体験、要望を聞き出す

第1章で、リスクマネジメント・コンサルティング会社のニュートン・コンサルティングを「営業しない会社」として紹介しました。同社は顧客事例を、顧客担当者に毎回インタビューして丁寧に伝え続けることで、会社の実力と魅力に関する認知が大企業を中心に広がり、営業を必要としない会社として、今も成長を続けています。

取引先・パートナー・株主

「顧客」視点で示した分類やインタビュー内容は、取引先企業、パートナー企業にも当てはまります。取引先とは製造業でいえば、供給網（原材料・部品）や販売網（物流・卸・小売・販売代理店）のことです。多様な部品を多数の企業から供給してもらっているのであれば、それぞれと向き合い取材することが大切です。パートナーとはサービス提供に当たって業務提携した企業、弁護士・税理士事務所などです。士業関連事務所は業務への関わりが深ければ、取材してみるべきでしょう。

前提として、取引先企業やパートナー企業がどんな事業を営んでいるのかを押さえます。その上

でどんな経緯でどうして取引を始めたのか（提携したのか）、どんな取引（提携）をし、どんな役割を担い、どんな体験をしているのか、将来期待すること、要望することは何なのかなど、つぶさに聞き出します。

経営者が取引先企業の経営者、責任者と対談したり、両社の窓口責任者・担当者同士が対談したりすることで、単独インタビューでは見えてこなかった、魅力を引き出すこともできます。ここでも重要なことは、人物を登場させることで人的魅力を伝えるということです。

臨場感あふれる現場の声に触れたことで買収を決断

株主も同様です。機関投資家や資本提携企業など安定株主を対象にインタビューします。なぜ投資したのか、何を期待しているのか、どんな協力が可能なのか。株主によって、その思いは共通する部分もありますが、それぞれ違う部分もあるでしょう。株主の期待や熱い思いは、経営者や社員だけでなく、顧客や取引先の心にも響くに違いありません。浮き彫りにされた魅力の1つひとつが、さまざまな関係者の心に確かな焼き印を刻んでいくのです。

第5章で紹介するマンション管理代行のコミュニティーセンターは、管理代行員である高齢者たちの声をニュースレターやウェブサイトで伝え続けました。同社の地道な取り組みが、経営における重要な変化をもたらしました。最終的には事業承継の局面で、M＆A支援会社・社長の心に変化をもたらしました。現場で働く高齢者たちの臨場感あふれる数々の声に触れたことも1つの要因となり、株主として全株買収することを決断しました。

コミュニティーセンターでは、M&A支援会社の社長（同社の役員就任）をすぐにインタビューしました。買収するまでの経緯、決断した理由や思い、今後に期待することなど、インタビューすることで明らかにしました。関東・関西圏で直行直帰の勤務形態で働くスタッフたちにもニュースレターで株主の姿や思いを伝えたのです。これら重要な変化の1つひとつを第5章で詳説しています。

経営の「舞台裏」には人的魅力が数多く存在

経営に関わる重要な人物たちの関わり方はそれぞれであり、関係性の濃淡もさまざまです。1人ひとりを時間軸と空間軸の両軸で捉え、その振る舞いを自らの目で確かめ、その声を自らの耳で傾聴し、その思いを自らの心で実感することが最も大切です。そうすることでしか見えてこない、現れてこない魅力が、とりわけ人的魅力が経営の「舞台裏」には数多く存在しているからです。

3. 成長物語の隅々まで光を当てる

1つひとつの現場に光を当てる

「三現主義」という経営用語を聞いたことがある人も少なくないでしょう。現場、現物、現実の

３つの「現」のことです。自らが現場に足を運んで、現物や現実を自らの目で確かめ、自らの耳で傾聴し、自らの肌で実感することの重要性を説いています。データだけでは、机上だけからでは見えてこない、わからないことがあるからです。

自社の魅力はどこにあるのか。どんな魅力があるのか。すべての現場に足を運んでみないことには見えてきません。１つひとつの現場に光を当ててみましょう。どんな現場があるでしょうか。いくつか列挙してみます。

- 研究・技術開発（研究所）
- 事業・商品・サービス開発（新事業、新商品、新サービス）
- 製造（工場）
- 能力開発・組織開発（人材育成、キャリア形成）
- 市場開拓・販路開拓（供給網、販売網）
- 営業最前線（セミナー、展示会、店舗）
- ＣＳＲ（企業の社会的責任）・ＳＤＧｓ（持続可能な開発目標）の取り組み

社内も取引先・パートナーなども、個々人というよりはチーム・部署全体に光を当てます。働いている場所、空間そのものにも光を当てます。食品・飲食業界であれば、第1章で例示した生産者に光を当てます。実際に、農業・漁業の現場に足を運び、自らの目で確かめ、自らの耳で傾聴し、自らの肌で実感するのです。飲食店であれば、料理人にスポットライトを当て、メニュー・レシピの開発場面や調理の場面に立ち会うことで見えてくることがあります。

製造・研修・営業など、現場は魅力にあふれている

製造業でいえば、製造現場はまさしく工場です。工場における工程の1つひとつ、各ラインで働く職人1人ひとりの姿は間違いなく多くの魅力にあふれています。第5章で取り上げるトヨタ自動車の『トヨタイムズ』では、木工職人、鋳造職人、鍛造職人、板金・溶接職人、プレス金型職人、塗装職人など、実に多くのクルマづくりに携わる職人たちのインタビュー記事を掲載しています。まさしくトヨタの人的魅力があふれています。現場に光を当てた好例です。

能力開発や組織開発の現場でいえば、多様な研修1つひとつを丁寧に取材します。研修責任者をインタビューし、その狙いや期待、思いを聞き出します。研修そのものも現場に足を運んでレポートし、参加者にもインタビューするのです。市場開拓や販路開拓、営業の最前線の場合、セミナー、展示会、店舗など、漏らさず現場を訪ねます。そこで今、何が行われているのか、何が起こっているのかを見逃したり、見落としたりすることなく、しっかり刮目できるかどうかが問われます。

CSR（企業の社会的責任）やSDGs（持続可能な開発目標）に関する取り組みの場合、社員1人ひとりが地域社会に対してどんな取り組みを行っているのか、その現場を訪ねるのです。

今までどんな取り組みをしてきたのかを記録し続けるのです。会社として国際社会やわが国全体が抱える多様な課題に対して、どんな取り組みをしているのか。例えば、環境破壊、少子高齢化、

貧困問題などにどんなアプローチをしているのか。交流している地域住民や、課題解決のための活動で関わる人たちがそれぞれどう感じているのかを目で確かめ、耳で傾聴し、肌で感じることで魅力に気づくことができるでしょう。

細部にこそオリジナルな魅力

最後に、もう１つ重要な視点があります。「神は細部に宿る」とはよく知られた言葉です。企業経営の細部に光を当てるのです。日々の仕事に追われていたり、現場にどっぷりと浸かっていたりすると、案外自社の魅力に気づかないことがあります。当たり前だと思い込んでいたり、見落としていたり、ないがしろにしたりしている細かい事柄にも光を当てます。

技術会社の場合、自社の独自技術のコアコンピタンス（競争優位の源泉）を（知的財産の漏えいなどに当たらない範囲で）明らかにします。自社にしかないオリジナルな魅力を明らかにする、ということです。技術責任者がエビデンス（証拠）に基づいてわかりやすく解説したり、大学教授などの有識者と対談したり、大学教授自身に寄稿してもらったりすることで魅力がより鮮明に浮かび上がります。

第1章で紹介した歯科医院のQ＆Aインタビュー動画も細部に光を当てた好例です。歯科医師や歯科衛生士が専門分野の知識をわかりやすく1つひとつ解説しています。細部に光を当ててみてください。細部にこそオリジナルな魅力があるに違いありません。

任天堂の『仕事を読み解くキーワード』

ゲーム会社の任天堂は、自社の採用サイト『仕事を読み解くキーワード』において、圧巻の25職種64人に及ぶ社員の声を紹介しています。何と同サイトでは「事務系」に分類された7職種12人の社員インタビューも掲載されています。「事務系」は企業社会では裏方の印象が強く、ともすれば「コスト部門」と言われています。しかし、任天堂は法務、経理、通訳コーディネート、購買・生産管理など、いわゆる内勤と呼ばれる人たちの仕事にも光を当てています。

任天堂は海外展開していますので、例えば、法務ではゲーム自体の「おもしろさを損なわない」ように配慮し工夫しながら、さまざまな国の法律に沿うようにデザインを変更しているそうです。

経理では、オンラインストア開設にあたり、「各国の消費税率などの改正に対応しやすいようにクラウドサービスを使うこと」になり、その支援を担いました。その際に心掛けたことは「とにかく人に聞く」ことだったそうです。米国は州により消費税率が変わるため、米国の税務局のホームページを調べ、自分の知識を高めたことなどが海外子会社とのやり取りで生かされたといいます。今では、数字から会社が見える経理に面白さを感じているとまでつづられていました。

「選ばれるブランディング」は地道な取り組みから始まる

本書で挙げたのは一部の事例に過ぎません。経営者は自社の経営の「舞台裏」で何が起こっているのか、どれほど把握しているでしょうか。誰がどんな体験をして、どんな感情を抱いているのか、関係者1人ひとり、現場の1つひとつに丁寧に光を当て、魅力をはっきりと浮かび上がらせる取り組みができているでしょうか。企業成長の物語の登場人物を丁寧に描き、物語の隅々まで光を当てましょう。

「選ばれるブランディング」は、このような地道な取り組みが起点となるのです。自社の魅力を見落としたり、見逃したり、見過ごしたりすることなく、経営者自らが先頭に立って、漏れなく見つけようではありませんか。そうしなければ、いつまで経っても「選ばれるブランディング」を始めることはできません。

4．「選ばれるブランディング」を牽引する「見える化」

「焼き印」するためにはまず「見える化」から

企業ブランディングとは、自社の魅力を利害関係者の心に焼き印することである、と繰り返し本書で述べてきました。魅力を焼き印するということは、すなわち魅力を伝え続けるということです。伝えるためには、その前提として自社の魅力が何なのかを知る必要があります。自社の魅力は「舞台裏」に潜在しています。魅力の宝庫である「舞台裏」をどう見つけるのか、あぶり出すのか、浮き彫りにさせるのか。それが「選ばれるブランディング」の起点です。

本章では、ここまでで「舞台裏」の見つけ方を解き明かしました。現場に足を運び、自らの目で確かめ、自らの耳で傾聴し、自らの肌で感じ、魅力を発見します。ただ、経営者や取材担当者個人の体験で終わってしまっては意味がありません。体験はその場で消費されます。個々人の感情として確かに蓄積されますが、言語化や映像化など、何らかの手を施さないと、共有できないし、個人の中でもときの経過とともに風化してしまうリスクもあります。

では、どうすればいいのでしょうか。見聞した1つひとつのことを文章、写真、映像などを駆使して「見える化」するしかありません。記録に残すのです。記録に残すことで、蓄積できます。「見える化」することで、初めて情報発信できる前提としての最低限の態勢が整います。そして、「見える化」した魅力を焼き印するために相手に伝えるのです。相手に届けなければなりません。目の前の相手と共有するということです。ここで問われるのが伝達方法であり、共有する方法です。

大企業が大企業に成長できた理由の1つは、魅力の「見える化」

大企業はなぜ大企業に成長できたのでしょうか。もちろんさまざまな理由があります。断言できることとして、その理由の1つが魅力の「見える化」です。インターネットが登場する以前、「見える化」する手法は印刷媒体、つまり紙媒体を作成するしかありませんでした。

印刷媒体の形で広報誌（顧客向け情報誌）、社内報を制作・発行していました。印刷媒体による「見える化」後、関係者に伝えるため、共有するための手法は手渡しであり、郵送でした。広報誌の制作では、良質紙や高品質写真を使用していましたし、外部の有識者・文化人と呼ばれる人を登場させるなど、現在の出版社が発行する雑誌のような力の入れようでした。

企業理念の伝達と文化伝承

ここから、広報誌が果たしてきた役割などを掘り下げて紹介します。現存する最古の広報誌は丸善（現・丸善ＣＨＩホールディングス／大日本印刷傘下）が発行する『学鐙』（がくとう）です。１８６９年に創業された「丸屋商社」が１８９７年に創刊、書籍・洋品・薬品などの輸入販売を生業としていました。現在は、同グループ会社の丸善出版が発行者です。

同社ウェブサイトによれば、「創刊時から広く日本の文化に寄与し、世界の文化受容の窓口となるという一貫した編集姿勢は変わらず、一企業のＰＲ誌を超えて我が国の学界・言論界の中で育って」（原文のママ）きたようです。

「初代編集長は作家・文芸評論家として活躍していた内田魯庵、執私には坪内逍遙、夏目漱石、井上哲次郎らが名を連ね、明治36年（１９０３年）『學鐙』と名を改めた以後も日本を代表する学者、文芸家、言論人が筆を執り、学術エッセー誌にとどまらず、社会や時代を映す鏡になっていま」（同）したと記されています。確かに「一企業のＰＲ誌を超えて」います。一企業が文化を育み、言論界を牽引する立場にあったということです。

化粧品大手の資生堂は広報誌『花椿』を１９３７年に創刊しました。『花椿』の歴史概観については、同誌専用ウェブサイトで確認できます。現在、印刷媒体では季刊で発行されており、資生堂関連施設と一部書店で配布されています。

丸善と資生堂は、広報誌に共通する明確な役割を持たせていました。それは企業理念の伝達と文化伝承です。両者は不可分一体の関係でした。『學鐙』は読書文化を、『花椿』は化粧文化を伝承する機能を有していました。両社が伝承しようとした文化は、それぞれの会社の主要事業そのものでした。文化を伝えることは、すなわち事業の根底にある企業理念を伝えることに等しかったといえます（三島万里著『広報誌が語る企業像』日本評論社刊、２００８年）。

つまり、何のために印刷媒体として「見える化」したのか。自社を取り巻く関係者の心に企業理念を「焼き印」するためです。そして、社会全体に文化を伝承するための「見える化」だったのです。

情熱があるからこそ、相手の心に「焼き印」できる

単に商品が売れればいいという姿勢ではなく、理念を伝達し、文化伝承・創造をなさんとする姿勢に多くの人々が魅了されてきたからこそ、今も広報誌の発行が続いているのではないでしょうか。理念の根底には情熱があります。情熱をもって事業を営む「舞台裏」には魅力があふれています。だからこそ心に焼き印されるのです。情熱が乏しいということは「熱」が弱いということですから、「焼き印」できるはずがありません。情熱があるからこそ「焼き印」できるということを肝に銘じるべきでしょう。

１９５０年代以降、テレビ局の開局ラッシュを機に映像による「見える化」が日本社会で台頭します。大企業の中には映像による「見える化」に先進的に取り組んだ企業も少なからずいたでしょう。ただ、インターネット登場前後で変わらないこととして、「舞台裏」を「見える化」する手法は主に言語化と映像化でした。

記録・蓄積だけでは「焼き印」できない

現在、インターネットがあまねく普及し、スマートフォンの所有率は9割を超えるほどです。以前は印刷媒体だったものが、次から次へと急速な勢いで電子媒体、インターネット上のコンテンツへと置き換わっています。印刷媒体の弱点は伝達（共有）手段と蓄積です。印刷媒体である限り、掲載された情報を関係者と共有するためには、郵便か宅配便を利用するしかありません。印刷コストも伝達時間もかからざるをえません。

印刷媒体を蓄積するためには物理的に保管しなければなりません。会社が存続した分だけ、「見える化」し続けた分だけ蓄積量は増加し続けます。保管場所の問題にとどまらず、閲覧・利用という場面でも不便でやっかいなことが起こります。会社の足跡、歴史、数々の物語を記録することは、企業ブランディングには欠かせない重要な行為です。

しかし、いくら記録し続け、蓄積したとしても肝心の魅力そのものに触れること、つまりコンテンツを閲覧・利用することが面倒だったら意味がありません。保管場所もさることながら、その場所からどうやって魅力あふれる「舞台裏」に出合うことができるでしょうか。結局、共有できないし、伝わりません。これでは関係者の心に「焼き印」できません。これぞ宝の持ち腐れの極みです。魅力を焼き印するなど、夢のまた夢の話であり、現実的ではありません。

5. ブランディング戦略の中核にニュースルームを位置づける

ニュースルームの登場により中小企業ブランディングの号砲が鳴った

伝達・共有の前に立ちはだかった高くて分厚い障壁が、インターネットの普及とデジタル化により音を立てて崩壊しました。

今までほとんどの中小・中堅企業、スタートアップは、魅力の「見える化」に取り組んできませんでした。取り組んだとしても長くは続きませんでした。魅力の宝庫である「舞台裏」を記録・蓄積することもままなりませんでした。中小・中堅企業、スタートアップの有する経営資源では、制作だけでなく、印刷、伝達、記録、蓄積という一連の活動を実施することはコスト面でも能力面でもほぼ不可能でした。

だからこそ、インターネットの普及とデジタル化は、中小・中堅企業、スタートアップの企業ブランディングにとって福音そのものでした。コストと能力の障壁が一気に下がりました。誰もが比較的簡単にコンテンツを言語化、映像化できる技術が普及し、容易にコンテンツを共有・蓄積・閲覧できる環境が整備されました。

第2章で言及した「ニュースルーム」を導入することで、コンテンツの共有・蓄積・閲覧を容易に実現できる環境を整備できます。本章で魅力あふれる「舞台裏」の見つけ方を解き明かし、「見える化」できる手法も紐解きました。ニュースルームのコンセプトは「ありのままの姿を自ら伝える」ということです。ニュースルームの登場により企業ブランディングの号砲が鳴ったのです。

「選ばれるブランディング」を強力に推進できるのはニュースルーム

企業ブランディングの号砲が鳴ったのですから、中小・中堅企業、スタートアップは、今こそニュースルームを開設しましょう。ありのままの姿としての「舞台裏」の情報を「見える化」し、ニュースルームに掲載・共有し、さらに蓄積しましょう。

そうすることで、ニュースルームは魅力の宝庫となります。自社の魅力を「見える化」し、蓄積する「魅力の発信・共有基地」です。「選ばれるブランディング」を強力に推進できるのは、実はニュースルームなのです。だからこそ、国内でもトヨタ自動車をはじめとする多くの先進的な企業が導入と運営を推進しているのです。

日本国内でも、ソーシャルメディアや動画配信プラットフォームが普及する速度が増しています。最近、多くの中小・中堅企業、スタートアップがフェイスブック、ツイッター、インスタグラムなどの公式ソーシャルメディアを開設しています。十数年前からブログを開設している企業も一定数存在しています。公式動画サイトとして、ユーチューブ、ティックトックを開設する企業も増えています。

ストック型メディアとしてのニュースルーム、フロー型メディアとしてのSNS

これらデジタルメディアとニュースルームとの違いは何でしょうか。特にソーシャルメディアは、閲覧する相手の画面を主体とし、相手の画面上でコンテンツが矢継ぎ早に流れていくフロー型メディアです。確かにほとんどのソーシャルメディアは情報を蓄積できるでしょう。しかし、メディアの構造上、情報の受け手があくまでも主体なのです。利用者がわざわざソーシャルメディアの過去の履歴をさかのぼって、その企業の情報を確認することなど、滅多にありません。

大企業の戦略は明確です。ソーシャルメディア運用の目的は、フロー型メディアとして関係者との接点を持つためです。接点を持った利用者が発信主体としての企業そのものに関心を持って、より深く知りたいと願った場合、ストック型メディアであるニュースルームにつなげるのです。ストック型とフロー型の両メディアにおける最適な組み合わせを日夜探求しているというわけです。

先進的な大企業が望んでいることは、商品を購入するだけでなく、サービスを利用するだけでもありません。もっと自社のファンになってほしい、どんな理念とビジョンで事業を営んでいるのか、どんな姿勢や思いでどんな人たちが関わっているのか、もっと理解してほしい、共感してほしい。そんな狙いがあり、ストック型メディアとしてのニュースルームを運営しているのです。

目的と手段を履き違え、目的と対象があいまいな情報発信が行き着く先

目的と手段をはき違えているようにしか見えない企業が少なくありません。ソーシャルメディアも動画配信プラットフォームも、新しい伝達手段にしか過ぎません。一体、誰に何を伝えたいのでしょうか。ソーシャルメディアも動画配信プラットフォームも「誰に何をどうやって伝えるのか」、この「どうやって」という手段に過ぎません。さらに言えば、「何のため」という目的が何よりも重要です。

まず目的を明確にしましょう。認知を獲得したいのか、（魅力を伝えて）今まで以上に選ばれたいのか。もっと選ばれ続けたいのか。目的を明確にしつつ、伝える対象が「誰」なのかをしっかり定めましょう。目的と対象を決めてから、手段を選定すべきです。企業経営者、情報発信の担当者たちは今一度立ち止まって、自問自答することから始めてはいかがでしょうか。目的と手段を履き違えた、あるいは目的と対象があいまいなまま行う情報発信は、「選ばれないブランディング」へとつながります。

中小企業のニュースルーム運用事例①ウェブマーケティング会社オムニバス

すでにニュースルームを開設し、「選ばれるブランディング」に取り組み始めた中小企業があります。いずれも私の会社のクライアントです。その中から2社のニュースルームを紹介します。

まず、ウェブマーケティング会社オムニバス（東京・港区、岩井　亮社長）のニュースルームを紹介します。オムニバスは、国内最大級のクレジット会社であるクレディセゾン（東証一部上場）

の子会社でグループのウェブマーケティングも担うハウスエージェンシーの立場でもあります。

オムニバスは広報部を設置しておらず、広報、つまりブランディングを担当する社員もいませんでした。2021年の秋に岩井社長（当時取締役）から相談を受け、「舞台裏」を見せることの大切さを伝えたところ、ニュースルームの導入を即決されました。2022年2月1日、ニュースルームを開設し、運用を始めました。社内に浸透させるため、当初は社員向けで始め、約半年後、顧客、取引先、株主などのステークホルダー向けにも公開しました。

ニュースルームの特徴として、発信する記事を複数のカテゴリーに分類しています。オムニバスは「プレスリリース」「会社紹介」「宮崎トレーディングセンター」「クライアントワーク」「お役立ち情報」「イベント情報」の6つのカテゴリーで構成されています。会社紹介では、キックオフミーティング、入社式、バーベキューなど社内行事のレポート記事に始まり、宮崎で働く社員やママさん社員のインタビュー記事、施設紹介、社内研修レポート記事などが掲載されています。

魅力の洗い出しと「見える化」への取り組みを加速

「クライアントワーク」では、顧客体験という「舞台裏」を見せています。オムニバスはトヨタ自動車のディーラーを複数クライアントとして抱えています。その中で2社をそれぞれ担当する社員が訪ね、代表者と対談したり、管理職へイタビューしたりしています。

オムニバスはステークホルダーたちに丁寧に光を当て、当事者しか知り得ない「舞台裏」をニュー

オムニバスのニュースルーム

スルームで「見える化」しています。自社の人的魅力を1つひとつ蓄積しています。担当社員を増やし、既存のブログや新しく始めたウェブ社内報と連動を図りながら、魅力の洗い出しと「見える化」への取り組みを加速させています。

中小企業のニュースルーム運用事例②特殊加工・特殊印刷の新晃社

次に紹介するのは、特殊加工・特殊印刷の新晃社（東京・北区、森下晃一社長）です。新晃社は2023年6月に創業50年を迎えた、社員80人の中小印刷会社です。印刷業界は、ネット印刷が普及し、印刷技術の発達と平準化が進展しています。どうやって他社との差別化を図るのか、非常に生き残りが難しい業界の1つといえます。そんな中で新晃社は自社のホームページに力を入れ、自社の強みをホームページとブログで熱心に発信し続けていました。

ただ、森下社長は広報やブランディングに長けた社員もいない中で、もう一歩踏み込んだ情報発信ができないかと模索していました。そんなときに出会い、「舞台裏」の情報がいかに大切かを理解し、ニュースルームの導入を決められました。2021年の秋のことでした。翌年1月28日、ニュースルームを開設し、「TopMessage」「プレスリリース」「制作事例」など、6つのカテゴリーに分けて、「舞台裏」を発信しています。

新晃社は2021年6月に自社商品の開発に挑戦しました。その始まりは、公益財団法人日本デザイン振興会が主催する「2021年度 東京ビジネスデザインアワード」への企画応募でした。

新晃社のニュースルーム

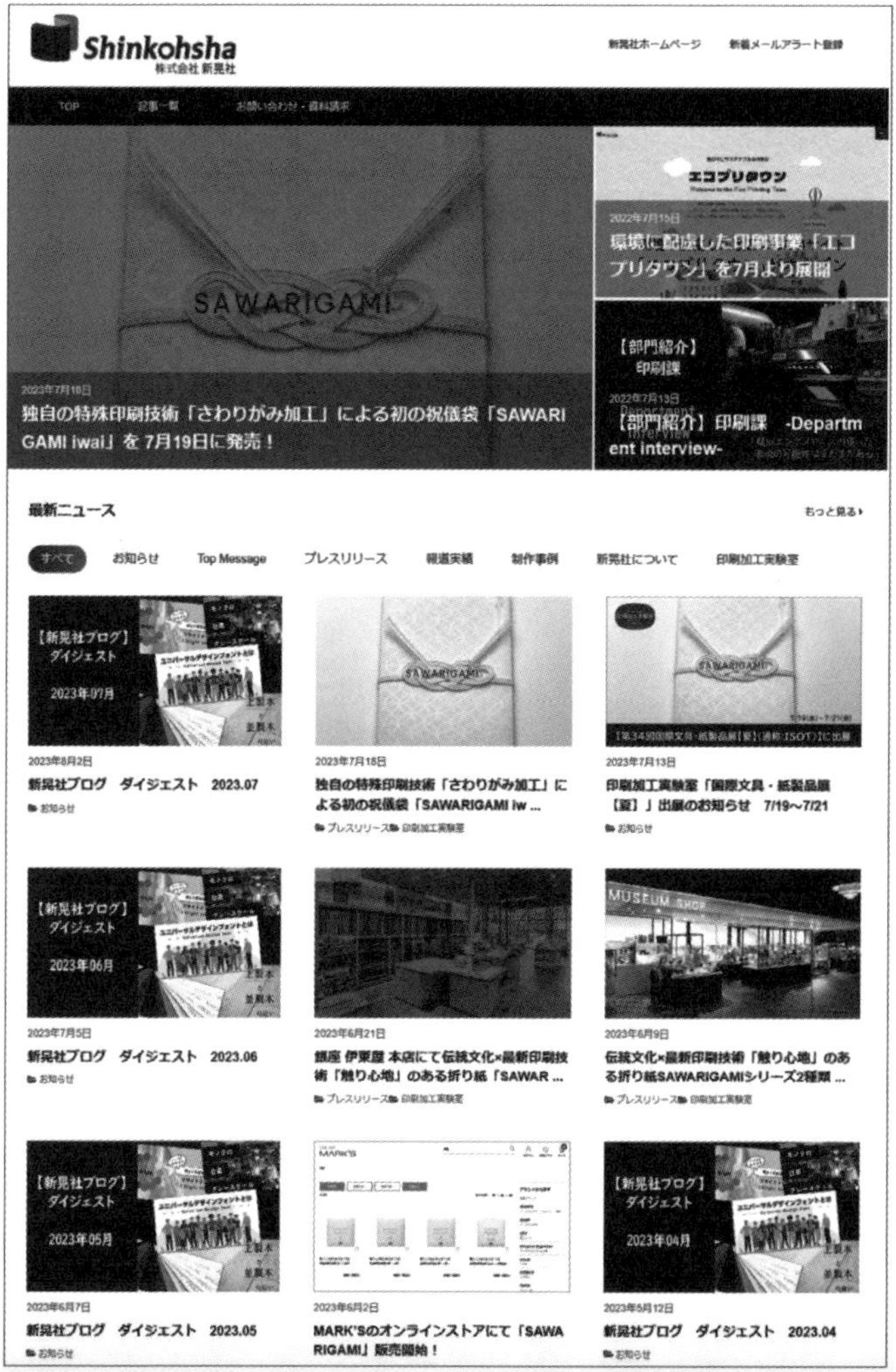

同アワードは、東京都内のものづくり中小企業とすぐれた課題解決力・提案力を併せ持つデザイナーとが協働することを目的とした、企業参加型のデザイン・事業提案コンペティションです。2021年で9回目を迎えたアワードです。

中小企業の持つ技術や素材は、コンペティションの「テーマ」として選出され、それらの新規用途開発を軸としたビジネス全体の「提案」をデザイナーから幅広く募り、すぐれた事業提案の実現化を目指すものです。ここで新晃社は、クリエイティブディレクター・デザイナーの歌代 悟氏と出会い、特殊印刷加工技術を応用したプロダクトと実験ブランド開発を提案しました。その結果、見事に最優秀賞を受賞しました。

ニュースルームから「選ばれるブランディング」を始めてみよう

受賞結果をプレスリリースで発信するだけでなく、「ＴｏｐＭｅｓｓａｇｅ」のカテゴリーで森下社長が受賞までの「舞台裏」を振り返り語っています。社長自らが商品開発に挑戦した「舞台裏」を言語化、「見える化」したということです。

規模が小さいから、人手が足りないから、知識・経験がないから、とできない理由を並べるだけでは何の意味もありません。自ら好んで衰退と滅びの道を歩むようなものです。本章で挙げた実例からも明らかなように、経営者自身が意を決し、「選ばれるブランディング」の一歩を踏み出せるかが今まさしく問われています。ニュースルームの開設・運用こそが、その一歩といえるでしょう。

第5章　自社で実現できる「選ばれるブランディング」

1．「舞台裏」の発信はメディアの専売特許ではない

「舞台裏」を冠したテレビ番組『BACKSTAGE』

「選ばれるブランディング」において、どれほど「舞台裏」の情報が、つまり人的魅力の情報が重要なのか。そして、その情緒的側面の情報が魅力の宝庫であることを第3章で紐解きました。最終章の第5章ではもう一歩踏み込んで、企業経営における「舞台裏」の情報が「選ばれるブランディング」において重要な役割を担っていることを、いくつかの事例を挙げつつ明らかにします。

同時に「舞台裏」を明かさないという意思や振る舞いが、企業を取り巻く関係者にどんな心理的な影響を及ぼすのかも見ていきます。要は「選ばれないブランディング」につながる、という事実を確認していきます。

２０２２年3月末まで毎週日曜日の23時30分、ＴＢＳ系で放映されていた番組をご存じでしょうか。その名も『ＢＡＣＫＳＴＡＧＥ』（ＣＢＣテレビ製作）、つまり番組名が「舞台裏」なのです。同番組の直前に放映されているのが人気長寿番組『情熱大陸』です。誰もが知るアスリートや有名企業の経営者、芸能人、業界で知る人ぞ知る専門家など、脚光を浴び活躍する人たちに密着し、その素顔やまさしく活躍の「舞台裏」に迫る番組です。いずれも人的魅力を扱った番組です。

『ＢＡＣＫＳＴＡＧＥ』が始まったのは、２０１９年4月。3年にわたり、延べ１４８組の働く

人の裏側を取材し、仕事への情熱を伝えてきました。始まったときのことはよく覚えています。なぜ、よく覚えているのか。ちょうどその当時、当社は企業・組織の広報において、「舞台裏」を伝えることが最も重要だ、と事あるごとに発信していたからです。

社内のさまつなことでお恥ずかしい限りですが、同番組が始まることを知った際に少々興奮しながら、やや得意げに「舞台裏を冠した番組が始まるらしい」と伝えたことを鮮明に記憶しています。いつから「舞台裏」を発信してきたのか。メールや社内でのＬＩＮＥのやり取りを調べたところ、２０１８年４月ごろだと判明しました。同番組が始まる1年前からでした。

ＱＢハウスが「10分１０００円で仕上げられる理由」

私が同番組を最初に視聴したのが、「10分１０００円」で仕上げる美容室ＱＢハウスを取り上げた回（２０１９年6月2日放映）でした。番組を視聴し、正直言って驚きました。ＱＢハウスには勝手に「安かろう、悪かろう」という印象しか持っていませんでした。しかし見る目が１８０度変わったと言っても過言ではありません。そこには理美容業界の常識を覆す、「10分１０００円で仕上げられる理由」が生き生きと描かれていました。

ＱＢハウスは理美容師（同社では「スタイリスト」と呼称）を育成する独自の研修制度を設けています。専門学校を卒業したばかりの新人だけでなく、カットの未経験者、ブランクのある人にヘアカット技術と接客技術を6か月間かけて、徹底して教えます。番組では、ヘアカット技術にムラがあった経験者に厳しく基本から鍛え上げる様が映し出されていました。

個人の技術習得だけでは「10分1000円」は実現できません。店内レイアウトもスタイリストと来店者の動線を研究した上で設計されています。スタイリストの移動時間を減らすためにシステムユニットを独自開発しています。システムユニットの中にはさまざまな工夫を凝らした道具が収納されています。ネックペーパー、クシ、紫外線消毒器、エアウォッシャー、クローゼット。

詳細については同社ウェブサイトをご覧ください。すべての道具に利用者を不快にさせず、スタイリストの時間を短縮できる工夫が施されています。

「こだわり」こそ、会社にとっての人的魅力

『BACKSTAGE』のウェブサイトを閲覧すると、番組コンセプトとして「その道のプロならではの『こだわり』や『仕事愛』を描き出す、〝お仕事エンターテイメント〟番組」と記されています。どんな業界の会社であれ、成長し存続している会社には必ず「こだわり」を持って働く人たちがいます。

その会社ならではの「こだわり」を持ち経営しています。その「こだわり」は会社にとっての人的魅力です。「舞台裏」を伝えるということは、「こだわり」を、つまり人的魅力を描き出すことです。第1章で述べたブランドを構成する要素としての人物と技術における要諦は「こだわり」なのです。QBハウスの回でも同社の「こだわり」、人的魅力は存分に描かれていました。

「舞台裏」をテーマにしたドキュメンタリー番組

ビジネスパーソンやアスリートなどの活躍する個人や、企業・組織の「舞台裏」を伝える番組はTBS系の『BACKSTAGE』や『情熱大陸』だけではありません。最も有名な番組の1つとして、私ならNHKの『プロジェクトX　挑戦者たちは』を挙げます。2000年から5年間放送され、大きな反響を呼びました。当時20～60代の人たちであれば、中島みゆきさんが歌う主題歌『地上の星』とともに鮮明に記憶に残っている人も多いのではないでしょうか。

NHKアーカイブスのウェブサイトによると「無名の日本人を主人公に、新製品の研究開発、社会的事件、巨大プロジェクトなどに焦点を当て、その成功の陰にあった知られざるドラマを伝える〝組織と群像の物語〟」とあります。企業の「舞台裏」を扱った回のタイトルをいくつか紹介します。

・「窓際族が世界規格をつくった」―　VHS・執念の逆転劇
・「ガンを探し出せ」―　完全国産・胃カメラ開発
・「世界を驚かせた一台の車」―　名社長と闘った若手社員たち
・「妻へ贈ったダイニングキッチン」―　勝負は一坪・住宅革命の秘密
・「執念が生んだ新幹線」―　老友90歳・戦闘機が姿を変えた
・「翼はよみがえった」―　YS―11・日本初の国産旅客機
・「誕生！　人の目を持つ夢のカメラ」―　オートフォーカス　14年目の逆転
・「町工場　世界へ翔ぶ」―　トランジスタラジオ・営業マンの闘い

・「男たち不屈のドラマ　瀬戸大橋」――　世紀の難工事に挑む
・「倒産からの大逆転劇　電気釜（でんきがま）」――　町工場一家の総力戦

「執念の逆転劇」「闘った若手社員たち」「住宅革命の秘密」「営業マンの闘い」「難工事に挑む」「大逆転劇」など、非常に興味深いタイトルが並んでいます。その場に直接関わった人たち、つまり同じ空間を共有し人たちやその身近にいた人たちでなければ知り得なかった出来事、体験、心の変化などを描き出しました。「成功の陰にあった知らざれるドラマ」とは、まさに「舞台裏」そのものです。「組織と群像の物語」ですから、そこには「人的魅力」があふれています。

現在放送中の番組であれば、『プロフェッショナル　仕事の流儀』が「舞台裏」を取り上げています。2020年1月に放送が始まるやいなや注目を浴びて話題となったので、視聴している読者も多いだろうと予想できます。ウェブサイトによると、「『プロフェッショナル 仕事の流儀』は、超一流のプロフェッショナルに密着し、その仕事を徹底的に掘り下げるドキュメンタリー番組」としています。

テレビ東京では2002年に始まった『日経スペシャル　ガイアの夜明け』が有名です。ウェブサイトの番組紹介では「『ガイアの夜明け』は、経済ドキュメンタリー番組です。経済の現場で奮闘している人たちを通して、様々な経済ニュースの裏側に迫って」いくとしています。ニュースという「表舞台」の裏側、つまり企業経営の「舞台裏」に迫る番組なのです。光を当てるのは「現場で奮闘している人たち」で、その企業の人的魅力を浮き彫りにする番組とも言えます。

情報番組でも「舞台裏」にしかない魅力や面白さを伝える

メディアが企業の「舞台裏」を伝えるのはドキュメンタリー番組ばかりではありません。情報番組でも取り上げています。『がっちりマンデー』と『ジョブチューン』で、いずれもTBSの番組です。前者は2004年4月に始まった人気長寿番組で、日曜日の朝に放送されることもあり、ビジネスパーソンの視聴者は多いでしょう。

後者は2013年2月に始まった番組で、「新型職業情報バラエティ」と称し、「その職業の知られざる一面をトークやVTRで紹介」（番組ウェブサイトより）、出演者が「素朴な疑問から普段は聞けないことまで、プロフェッショナルのヒミツに迫る」（同）番組です。「『職業』には、それぞれに際立った技能や知識、能力があり、その裏側にはそこにしかない〝魅力〟や〝面白さ〟がたくさんある。しかし、関わりがなければ、その具体的な内容は知らないことが多い」（同）から番組を企画したといいます。

企業の「舞台裏」にこそ、魅力や面白さの源泉があるということです。情報番組でも企業のプロフェッショナルな人物に光を当て、人的魅力を伝えているのです。

テレビ番組に限らず、一般新聞、経済新聞、業界紙誌、ビジネス誌などでも「舞台裏」を扱う記事が紙面を飾っています。経営者などの半生を自らがつづる、日本経済新聞の「私の履歴書」はその最たるものです。「開発秘話」や「ヒットの裏側」、話題の人、仕事術など、さまざまな企画やコーナーがあり、企業の人的魅力や面白さを伝えています。

「舞台裏」を伝えるのはメディアの専売特許ではない

前述したとおり、メディアが「舞台裏」が好きなのは、われわれ世間が、生活者が「舞台裏」が好きだからです。だから人気長寿番組が生まれるのです。では「舞台裏」はメディアの専売特許なのでしょうか。答えは「ノー」です。テレビ番組は週1回の放送、新聞や雑誌の紙面も限られています。そんな厳しい競争環境で大企業や有名企業以外が取り上げられるのは容易ではありません。現実を直視すると、不可能に近いことがわかります。

では、諦めるほかないのでしょうか。この答えも「ノー」です。「舞台裏」を伝えるのはメディアの専売特許ではありません。企業自らが魅力の宝庫である「舞台裏」を、つまり人的魅力、情緒的な側面の情報を自ら伝えればいいのです。メディアという他人に任せるのではなく、第4章で詳述したとおり自社の「舞台裏」を自らが取材し、自ら伝えるのです。ここからしか「選ばれるブランディング」は始まらないのです。

2．就活でも「舞台裏」が鍵を握る

現役大学生を対象としたオンラインセミナー

先進的な大企業をはじめ、中小・中堅企業やスタートアップでも自ら「舞台裏」を伝える企業が現れています。いくつかの実例を挙げながら、その現場での取り組みを見ていきましょう。その前にアイスブレイクとして、私の体験談を紹介します。学生にとって就職活動は、自分の将来を決めると言っても過言ではありません。そんな就活に熱心に取り組む学生の視点からの話です。

２０２１年5月28日、私は現役大学生を対象としたオンラインセミナーに講師として登壇しました。テーマは「広報とＰＲ。ホントの、現場の話」。主催はＣｈｅｅｒＣａｒｅｅｒ（チアキャリア）でした。この日は3回シリーズの第1回、「そもそも論」を問い、会社や広報の本質を深く考える機会としました。

印象深かったのは、参加した大学生たちが一様に熱心に受講してくれたことです。セミナー終了後の感想もしっかりと書かれており、気づきや発見などが少なからずあったようで何よりでした。セミナーではそもそも広報とは何か、という本質的な問いを発しました。その答えは「表舞台と舞台裏を見える化し、内外に自ら伝える」ことである、と解説しました。大学生にとって果たして理解できるのか。少々憂慮していましたが、参加した男子大学生の感想を読んで杞憂だったことがわかり、安堵しました。

大学生の感想をここで紹介します。「表舞台と舞台裏の話は面白かったです。現在、選考を受けている中で、表舞台（就活サイト・新聞・ＣＭ）で企業の存在を知り、舞台裏（座談会・工場見学・ニュースルーム・交流会）で共感していく流れは実体験として経験しています。事実、オンライン選考の中では特に、舞台裏を多く提供している会社に惹かれていきました」（原文のママ）と極めて的を射た内容でした。

「表舞台」と「舞台裏」の役割を実体験として捉える

大学生たちは就職活動をする中で、「表舞台」と「舞台裏」の関係やそれぞれの役割を、実体験として捉えることができていたのです。これは私にとっても新しい発見でした。実は私は大学在学時にまともに就職活動をした経験がありません。だからこそ、なおさら彼の感想は新鮮でした。「舞台裏を多く提供している会社に惹かれ」るのは、年齢や立場に関係なく、人間心理として共通していることなのです。

実体験を通して会社の魅力により多く触れ、共感してから働き始めるのと、そうでないのとではその後の離職率に大きな差が生まれるのではないでしょうか。ここ2、3年はコロナ禍でほとんど実施できていなかったインターンも、現場での仕事を体験するのですから、まさしく「舞台裏」を知るための活動といえます。就活でも「舞台裏」が鍵を握るといえるでしょう。

3．『トヨタイムズ』に見るブランディングの真髄

トヨタ自動車のグローバルニュースルームと『トヨタイムズ』

国内企業で最も熱心に「舞台裏」を発信している大企業は、間違いなくトヨタ自動車でしょう。第2章で触れたとおり、10年ほど前から米国の先進的な企業がこぞって「ニュースルーム」を開設しました。マスメディアのニュースや記事だけに頼るのではなく、あらゆる関係者に自ら直接伝え

る、という姿勢が見てとれます。

トヨタは、米国の先進的企業に続き、国内ではいち早く「グローバルニュースルーム」と称し、開設しました。テレビＣＭで有名な『トヨタイムズ』もニュースルームページのトップから動線が引かれています。かつての『トヨタイムズ』のＵＲＬには「ｉｎｓｉｄｅ」がつづられていたと記憶しています。つまり内容はほぼ「社内報」で社会と関わる姿や、外側からでは見えない事業の舞台裏に迫っています。

ありのままの姿を伝えよう、という意気込みが感じられます。にわかには信じ難いことですが、自動車を販売するためではなく、会社のありのままの姿を知ってもらうためにテレビＣＭを打っているのです。２０２１年7月以降、出稿量を大幅に減らしたようですが、それでもＣＭを目にする機会は少なくありません。

情緒的な側面の情報があふれる『トヨタイムズ』の連載

『トヨタイムズ』のメニューは、「新着」「最近のトヨタ」「特集」「連載」「コラム」「トヨタイムズニュース」「トヨタイムズスポーツ」「ＳＤＧｓ」の8つで構成されています。どんなコンテンツを発信しているのか。私が注目したのが、現場で働く人たちに光を当てた「連載」コーナーです。いくつかの連載が並行し、続いています。ここでは3つの連載を紹介します。いずれもトヨタという企業の人的魅力があふれています。情緒的な側面の情報が集約・蓄積されています。

まず、題して「日本のクルマづくりを支える職人たち」です。「自動車業界を匠の技能で支える『職人』にスポットライトを当て、過去・現在・未来という時代の潮流の中で息づく日本の『モノづくり』の真髄に迫る特集」です。第1章で述べた欧州ラグジュアリーブランドが歴史、土地、人物、技術をブランド要素（経営資源）としていることと共通しています。技術の進歩が目覚ましい「クルマづくり」の現場ではいまだに「手仕事」が生かされているといいます。

どんな匠（たくみ）がクルマづくりの現場にはいるのか。現在（2023年11月）、16の仕事内容を解説しつつ、職人へのインタビュー記事も掲載しています。16の仕事は次のとおりです。

木工職人　鋳造職人　鍛造職人　板金・溶接職人

プレス金型職人　塗装職人　「造形の匠」（＝クレイモデラー）

「インテリア（内装）の匠」（＝マルチモデラー）「レストアの匠」「切削工具の匠」

「設備保全の匠」「ひずみゲージの匠」「溶接の匠」

「樹脂磨きの匠」「組立の匠」「検査の匠」

クルマづくりを支える職人たちの「舞台裏」を丁寧に描写

プレス金型職人を扱った第5回の記事（2021年7月28日）では、まず仕事内容を具体的に解説しています。一部を抜粋して掲載します。

クルマの「見た目」を決めるばかりでなく、外界からの風雨や熱、寒さ、走行時の風や騒音から

遮ることで乗員を守る役割。さらに万が一の事故や衝突の際、乗員の生命を守る役割もある。それ以前にボデーはクルマの土台である。「走る・曲がる・止まる」というクルマの基本性能を支えるエンジンやサスペンションを筆頭に、すべての部品を組み付けるボデーがなければ、クルマは成立しない。だからボデーは強く軽く、内部は広く、そして外観は美しくなければならない。

仕事内容の解説で終わらず、職人へのインタビュー記事も掲載されています。第５回で紹介されているのが和田安信氏です。和田氏は部内ではわずか２人しかいない専門技能の認定を受けた、プレス金型職人の頂点を極めた１人だといいます。インタビュー記事の一部を抜粋して掲載します。

「クルマは約３万点の部品で構成されていますが、そのうち、鋼板でつくられる部品は約１０００点。そのうちの約90％が金型によるプレス加工で製作されます。私はそのプレス加工で製作される部品の中でもいちばんの大物になるボデー外板のプレス金型をつくっています。部署としては工程整備というところ。１９８２年の入社以来、この仕事ひと筋です」

和田氏がなぜトヨタに入社したのか、入社してからどんな仕事をして、どんな体験を積み、現在に至っているのかをインタビューを織り交ぜながら紹介しています。さらにプレス金型職人の仕事内容を実際の工程に沿って、和田氏のコメントを挟みながら、丁寧に事細かく説明しています。写真だけでなく、巨大な金型を砥石で削って調整している短い動画まで掲載されています。

そして、最後には「もっといいクルマづくりのために」という豊田章男会長が約10年前に掲げたビジョンを目指し挑戦する和田氏の姿勢を表し、締めくくっています。何と７０００字を超える文章、19枚の写真、動画1点を駆使して、クルマづくりの「舞台裏」を余すところなく描写しています。その神髄を惜しみなく披露する姿勢にはうならされます。

企業の一体感向上に役立っているスポーツ活動

トヨタは実はスポーツとの関わりが深く、それは会社創立までさかのぼります。同社コーポレートサイト「企業情報」の中に「スポーツとの関わり」というページがあります。スポーツに関わる理由や背景として「企業の一体感向上・従業員の意欲喚起・良き企業人の育成を主目的に、会社創立以来企業スポーツに力を入れて」いると述べています。

では、実際にはどんな取り組みをしているのか。①オリンピック・パラリンピックへのアスリートを通じた障がいのある人への偏見をなくす活動の支援、②自分の限界を超えて戦うアスリートたちの応援、③スポーツを通じた子どもの教育、④企業スポーツ活動による地域社会への貢献を行っています。

これら取り組みの「舞台裏」の一端を紹介するのが、「連載」の中の1つ「アスリートを支える人々」です。自動車産業のトヨタが「クルマづくり」の現場を発信することは、理解できる行動です。トヨタはそこにとどまりません。現在（2023年11月）まで掲載された記事の見出しを見ただけで、その多彩な活動ぶりと意気込み、真剣さが伝わってくるほどです。前述したとおり、別メニュー「トヨタイムズスポーツ」でも同様の記事が多数掲載されています。

果敢な試み、応援する意義、挫折と改善の物語をつづる

ここでは５つの記事を取り上げ、その見出しと「ＩＮＤＥＸ」を紹介します。

・**モーションキャプチャーで選手強化！　そこから生まれる「もっといいクルマづくり」への循環（2022.01.20）**

クルマの計測で使っていたモーションキャプチャー解析をアスリートに活用する試み。そのＷｉｎ―Ｗｉｎの関係とは？

・**僕らが応援する理由。トヨタ自動車応援団（2021.10.05）**

１９６９年誕生と歴史のあるトヨタ自動車応援団。彼らはなぜプライベートな時間を割いて応援するのか？　今回は応援団員に焦点を当ててその楽しさや意義を訊いた。

・**失った信頼を取り戻せ！　困難を乗り越えた競技用の義足づくり（2021.07.30）**

トヨタの同僚であり、パラ陸上競技アスリートでもある佐藤圭太選手。彼の競技用義足をゼロからつくりあげた技術者による、挫折と改善の物語。

・**前代未聞 トヨタアスリート専用リコンディショニングセンターの挑戦（2021.07.09）**

日本のスポーツ界でもほとんど前例がなかった、競技の垣根を超えたトヨタのリコンディショニングセンター。開設の経緯や目的をセンター長に聞いた。

・**「多様性のあるチームだからこそ正解に近づける」パラ陸上・鈴木朋樹（2021.04.13）**

車いすマラソンで圧倒的な強さを見せる鈴木朋樹選手。飛躍の裏には「人と技術」が交差する物語があった。
見出しとインデックスを見ただけでワクワクしたのは、私だけではないでしょう。果敢な試み、応援する意義、挫折と改善の物語、開発の経緯、「人と技術」が交差する物語など、どれもこれもまさしく「舞台裏」に光を当てています。「クルマづくり」でない領域でも手を緩めることなく、丁寧な描写に努めています。ここでも人的魅力、情緒的な側面の情報が余すことなくつづられています。圧巻とも言える情報に圧倒されつつ、これこそ「選ばれるブランディング」だと腹落ちしました。

存在意義など原点を問い直す「コトバ」

最後に紹介する連載は「あのときのアノコトバ」です。代表取締役会長である豊田章男氏の「コトバ」に焦点を当てた連載です。社長就任前を含め彼が発した、理念や存在意義など原点を問い直す言葉です。1つひとつの言葉は短く、むしろ短いからこそ熱量やエネルギーがみなぎっています。深奥さや強靭さをまとった、14個の「コトバ」を紹介します。

#01「もっといいクルマをつくろう」
#02「この町いちばん」
#03「忘れないでいる」
#04「現場にいちばん近い社長でありたい」

#０５「持続的成長」
#０６「意志ある情熱と行動」
#０７「負け嫌い」
#０８「自分以外の誰かのために」
#０９「バッターボックスに立とう」
#１０「やりましょうよ」
#１１「意志ある踊り場」
#１２「未来はみんなでつくるもの」
#１３「日本のクラウン」
#１４「〝楽〟と〝楽しむ〟」

着飾らない等身大の姿

「もっといいクルマをつくろう」という言葉は、前述したプレス金型職人の匠である和田氏の心に深く刻まれ、行動や発想の原点として根づいています。トヨタは２００７年当時、急速な販売台数増による成長を遂げていました。一方でその品質の陰りを指摘されつつあったといいます。

当時副社長だった豊田章男氏が目の前にいる顧客から信頼されることがどれほど大切なのかを問うたのが「この町いちばん」という言葉です。「誰がうれしいのか」に立ち返る必要性を問いかけています。
『トヨタイムズ』では、トヨタが常に社会と真摯（しんし）に向き合う姿勢や、クルマづくりに懸ける思いなどが丁寧に描き出されています。そこには着飾らない等身大のトヨタが確かに存在しています。「ありのまま」のトヨタを伝えたいという思いが脈々と流れています。「舞台裏」を多角的に伝え続けるというトヨタのブランディングの神髄が垣間見えます。

4.「選ばれるブランディング」の神髄は「舞台裏」にあり

「大企業だから」ではなく、「大企業でさえ」

「舞台裏」を伝え続けることで「選ばれるブランディング」の成果を上げているのは、大企業ばかりではありません。トヨタのような事例に接すると、中小・中堅企業などの経営者たちやビジネスパーソンたちは「大企業だから実行できること」と斜に構えた発言をしがちです。実行できていないという事実を受け止めきれないからなのか、少々理解に苦しむ発言を耳にします。

「大企業だから」ではありません。発想の転換、着眼点の転換が必要です。「舞台裏」を伝え続けてきたから「大企業」になれたのです。「大企業でさえ」あるいは「大企業になっても」まだ実行し続けているのです。「舞台裏」を伝えることはメディアの専売特許でないばかりか、決して大企業の専売特許でもありません。

「働く人の声」で人的魅力を伝える

地道に「舞台裏」を伝え続けている中小企業も現に存在しています。第4章で触れたマンション管理代行のコミュニティーセンター（東京都練馬区）という会社です。マンション管理会社は必ず管理員を常駐させなければならないのですが、急な欠勤や退職などの理由でどうしても自社内では対応できない事態が発生することが少なくありません。

そんなときにマンション管理会社からの要請を受け、コミュニティーセンターに登録した高齢者スタッフが管理代行を担う仕事です。１日のスポット対応に始まり、１週間の短期や時には数か月の長期にわたることもあります。首都圏と関西圏で事業を展開しており、現場で働く高齢者たちの登録人数は１５５０人を超えています（２０２３年9月時点）。

なぜ、現場で働くのが高齢者なのか。マンションの入居者は、幼い子どもがいる家族から高齢夫婦まで実にさまざまな人たちで構成されています。人生経験を積んだ人でないと、とてもではないがそんな入居者たちの要望に対応しきれないからだといいます。

私が代表を務めるPR会社がコミュニティーセンターに関わり始めたのは２０１５年のことです。当時社長（前社長）は、どうすれば採用を拡充できるのか悩んでいました。それまでの同社の求人方法といえば、全国紙の新聞広告、ハローワークが主流でした。どうすれば同社が望む優秀な人材が応募してくれるのか、苦心していたのです。そこで当社が提案したのがニュースレターの定期発行です。ニュースレターとは、自社の利害関係者を対象にその会社自身が発行する広報紙です。

「舞台裏」を伝えるブランディングがもたらした5つの変化

第一の変化	社長（当時）がニュースレターの一番の愛読者
第二の変化	登録スタッフたちの一体感を醸成
第三の変化	優秀な登録スタッフの採用を牽引
第四の変化	マンション管理会社（新規および既存顧客）から信頼を獲得
第五の変化	（事業承継の際に）株主の意思決定を促進

「舞台裏」を伝えるブランディングがもたらした5つの変化

どんなニュースレターの内容にしたのかというと、マンション管理の現場で働くスタッフを毎月1人ずつインタビューして、なぜ働き始めたかなど、その声を載せたのです。インタビュー記事はA4判表裏の印刷媒体としてまとめました。

そして同ニュースレターを全登録スタッフに、報酬明細に同封して配布しました。同時に同社ウェブサイトに「働く人の声」というコーナーを設置し、毎月写真とインタビュー記事を掲載したのです。まさしく人的魅力を伝える取り組みです。

時折、社長や社員のインタビューを織り交ぜながらも、毎月1人ずつインタビューを続け、登録スタッフに発送し、ウェブサイトに掲載しました。

実に地道で地味な取り組みをとにかく続けたところ、約5年間の成果として、経営にとって小さくない5つの変化がもたらされました。

社長が最初の愛読者

第一の変化は社長（当時）に現れました。まず、社長がニュースレターの愛読者となりました。マンション管理の現場で働く人たちは直行直帰という働き方です。自宅から直接現場に向かい、仕事が終われば一報を入れ自宅に直接帰ります。コミュニティーセンターは年に一度、東京と大阪で「感謝の集い」（第一部が研修会、第二部が懇親会）を開催していました。

招へいした講師の講演を聴講し、その後飲食しながらの懇親会へと続きます。勤続年数の長いスタッフを表彰したり、ビンゴなどのゲームをしたりします。この場で社長をはじめとする社員たちは登録スタッフと交流し、親交を深めます。年１回の重要な交流の場です。登録スタッフ同士も大勢の仲間たちと交流できるのはこの懇親会くらいです。限られた時間の交流だけでは、社長や社員が登録スタッフ１人ひとりのことを深く知るにはどうしても限界があります。

毎月行ったインタビューとは、どんな内容なのか。要点は３つです。今までどんな人生を送ってきたのか。どうしてマンション管理の仕事を選び、同社で働くことに決めたのか。そして、実際に働いてみてどんな体験をしたのか。この３つです。インタビューを読むことで働くスタッフの人となりや現場で働く姿など、懇親会の会話からだけでは決してうかがい知れないことまで知ることができました。まさにスタッフ１人ひとりの「舞台裏」を知ることができたのです。

だからこそ、社長が最初の愛読者になりました。自社スタッフに対する誇りや感謝、愛着を持つことにつながりました。社長の心に大きな変化をもたらしたのです。

「舞台裏」に触れることで共感が生まれ、その積み重ねが一体感を醸成

第二に登録スタッフたちにも変化をもたらしました。直行直帰の勤務形態ですから、自分以外にどんな人たちが働いているのかを知る機会は滅多にありません。ある面、1人ひとりは孤独な環境で働いているわけです。

そんな状況の中、共に働く仲間たちのインタビュー記事が毎月手元に届くようになったのです。確か開始から2年くらい経過した頃から、インタビューされること自体が一種のステータスとして確立されました。インタビュー記事を誇らしく家族に見せる人もいました。記事中で明かされた働く上での工夫や心構えに勇気をもらった人もいました。

4年ほど経過した頃には、すべてのニュースレターをバインダーにとじて保管し、一種のバイブルのように大切にする人も現れました。共に働く仲間たちの「舞台裏」に触れることで共感が生まれ、その積み重ねが次第に一体感を醸し出すに至ったのです。これぞブランディングの王道、「選ばれるブランディング」そのものと言えます。

魅力あふれる数々の体験談が心に「焼き印」される

第三の変化は採用の場面で起こりました。当初、社長は採用強化の一環として位置づけ、そこに期待してニュースレターを始めたことは先に述べたとおりです。これも2年が経過した頃のことです。官僚として勤め上げた人物が、第二の人生として働く場を探していました。そうしたところ、

コミュニティーセンターのウェブサイトに行き着いたのです。

そして「働く人の声」と書かれたページをクリックしてみると、20人以上もの高齢者の体験談がずらっと並んで掲載されていたわけです。そのすべての記事を読み、経営理念にも好感を持った彼はどうしたのか。他の仕事には目もくれず、一択で登録スタッフとして働くことを選びました。当時の経営陣は、望む以上の経歴の持ち主の応募に興奮を隠し切れませんでした。

経営理念を体現する数々の働く姿に触れることで、コミュニティーセンターの魅力が彼の心にしっかりと「焼き印」されたといえるでしょう。彼は登録スタッフを経験した後、管理職として、現在は働く仲間たちを支援する側に立っています。

第四の変化はマンション管理会社との関係です。関西地域での顧客拡大のため、同社スタッフはマンション管理会社への営業に際して、ニュースレターを持参し手渡していました。真面目に働く高齢者たちの姿勢に触れて、心が動かされたことは想像に難くありません。新規獲得の場面だけでなく、ルート営業の際にも効果を発揮しました。ある管理会社の社員はニュースレターを手に取るやいなや「うちの制服だ！」と声を上げたそうです。自社の物件で真剣に働く姿を知ることができ、好評を博したのです。

こんな副次的効果も生みました。ある大手出版社がシニアの働き方を紹介する書籍を企画していました。そのことを知ったマンション管理会社の社員は、コミュニティーセンターの取り組みをニュースレターとともに紹介したところ、すぐに問い合わせが入り、取材が決まりました。結果として2ページを割いて、事業内容や高齢者の働く姿が紹介されました。

「舞台裏」を伝え続けることがブランディングの王道

最後は、事業承継の際に株主の心に変化をもたらしました。前社長は70歳を超え、事業承継の道を模索していました。親族への承継が難しいと判断し、ファンドに託すことを決断します。「TOKYO事業承継支援ファンド」という東京都が主な出資者となっている事業承継専門ファンドで、M&A（企業の買収・合併）支援会社が運営しています。

M&A支援会社には年間300社くらいのさまざまな中小企業から事業承継の相談があります。しかし、実際に支援するのは3社程度です。その中でコミュニティーセンターは支援を受けることができ、同ファンドが全株を取得し、株主となりました。

支援を決めた、最も評価した点の1つは経営理念に共感したことです。そして、登録スタッフたちの働く様子を惜しみなく公開したニュースレターも大きな決め手となりました。「決算書からだけでは見えないものが見え」（『コミュニティーセンター便り第61号』2020年7月1日発行）、「可能性があるなあと、いろいろと夢が描けた」（同）と、M&A支援会社の社長は述懐しています。

「舞台裏」を見せることで、ニュースレターやウェブサイトの記事として「見える化」することで、株主の心に同社の人的魅力が「焼き印」されたのです。「焼き印」されることで、ファンドから選ばれたのです。

このような5つの変化を見れば、中小企業なのか大企業なのか、その規模に関係なく、「舞台裏」を伝え続けることがブランディングの王道だ、ということがはっきりとわかっていただけるはずです。「選ばれるブランディング」の神髄は「舞台裏」にあるのです。

5．ブラック企業の「選ばれないブランディング」

「舞台裏」を明かしたくない企業は、ブラック企業

ここまでの話でブランディングにとってどれほど「舞台裏」が大切なのか、「舞台裏」を伝えることこそがブランディングの神髄であることが明らかになりました。ブランディングに取り組む企業にとって、もう「舞台裏」を伝えない理由は見当たりません。それでもなお「舞台裏」を伝えることにためらう企業・組織があるとすれば、それは間違いなく伝えたくない、見せたくない事実がある、明らかにしたくない「舞台裏」がある、ということに他なりません。

「舞台裏」をどうしても見せたくない、明かしたくない企業とはどんな企業なのでしょうか。皆さん、既におわかりのとおり、その最たる企業が「ブラック企業」です。ブラック企業と言わないまでも、何らかの「不都合な真実」を抱えている企業であれば、「舞台裏」を見せること、明かすことをためらうでしょう。「舞台裏」を見せると、選ばれないことがわかりきっているからです。

私の知る限りでは「ブラック企業」の明確な定義は存在していないようですが、おおむね焦点が

「舞台裏」を明かさないことによるマイナス面

マイナス面
01

ブラック企業だと疑われる

・不都合な真実を抱えている？
・公にしたくない、見せたくない、隠したいことがある？

マイナス面
02

着飾った姿だけを見せても選ばれない

・ありのままの姿が見えないから、選ばれない
・隠していることがあるから、信頼されない

当てられているのは働く人たちに対する企業側の姿勢や振る舞いを指しています。インターネットで「ブラック企業」や「ブラック度」という言葉で検索してみると、さまざまなサービスが提供されていたり、各種指標が設定されたりしています。検索結果を見ると、「ブラック企業大賞」や「ブラック企業の見分け方」などのタイトルが踊っています。

目に留まった2つのサービス「ブラック企業チェッカー（リバティ・ベル法律事務所）」と「ブラック企業チェックリスト（弁護士法人ＱＵＥＳＴ法律事務所）」は、いずれも弁護士・法律事務所が運営しています。要は働く人の人権と人格を無視したり、軽視したりする姿勢や振る舞いが横行している会社をブラック企業と判断しています。

社員に端を発し、負の連鎖が広がる

ブラック企業とは、社員やスタッフの人権や人格を無視している会社だけを指すのでしょうか。私が注目するのは社員・スタッフだけではありません。もちろん、そこに端

を発し、周囲にも悪影響を与えることにつながるでしょう。社員の心が荒み精神的に追い込まれている状態のまま、外部委託スタッフ、顧客、取引先、パートナー企業など周囲の人たちと接すれば、決していい影響は与えません。負の連鎖が広がるのは必然といえます。

企業を取り巻く関係者たちは、その企業にとって価値を共に生み出すためには欠かせない仲間たちです。社員、外部委託スタッフ、顧客、取引先、パートナー企業、株主などは企業の成長と存続のためには欠かせない重要な存在です。誰かを不幸にして成り立つ企業経営は、決して健全とはいえません。

一方だけが得したり一方だけが不遇な立場を強制されたりする状態にある会社は、程度の差こそあれすべて「ブラック」と言っていいのではないでしょうか。私が定めるブラック企業とは、社員だけでなく取り巻く関係者たちの誰かを仲間外れにしたり、いじめたりする企業のことです。「ブラック」と呼ばれる企業がそれぞれの関係者に対してどのように振る舞うのか。ここで確認してみましょう。

ブラック企業の実態

・社員

劣悪な労働環境、長時間労働の常態化、サービス残業の常態化

各種ハラスメントのまん延、売上至上主義（過剰なノルマ）

形骸化した各制度（有給、福利厚生、内部通報窓口など）

・外部委託スタッフ

不当な低価格での発注、時間外・休日業務の強要、過剰業務の要求

・顧客

不良品の提供、顧客窓口の不誠実な対応、クレームへの過度な忌避

安全軽視

・取引先

値下げ要求の過度な圧力、過重労働を強いる要望、下請けいじめ

・パートナー企業

虚偽情報の伝達、不平等・不公平な契約、

・株主

虚偽報告の常態化、不透明な情報開示、粉飾決算、隠蔽

「舞台裏」が真っ黒だから、あえて「見える化」しない

列挙した事実の中でいくつ当てはまるのか（ｈｏｗ　ｍａｎｙ）、その1つひとつがどの程度なのか（ｈｏｗ　ｍｕｃｈ）、という2軸で「ブラック度」は測れるといえます。これら事実は決して公にしたくないことばかりです。どれをとっても人々に不快な思いを与えるものばかりです。こ

れら事実が明らかになれば、印象は著しく低下し、評判は急降下することが容易に想像できます。だから、隠すのです。見せたくないのです。ブラック企業では、そこに隠したい、触れてほしくない事実がいくつも横たわっています。「舞台裏」が真っ黒なので見せられないのです。あえて「見える化」しないという意思決定を下すしかありません。

大多数の企業はウェブサイトをきれいに着飾る

企業・組織にとってイメージ（印象）は極めて重要です。２００５年に出版された『人は見た目が９割』（竹内一郎著、新潮社刊）は瞬く間にベストセラーになりました。２０１９年９月、『漫画版　人は見た目が９割』が講談社から出版されるなど、いつの時代でも見た目や外見という第一印象は人間関係に小さくない影響を与えます。同書に限らず、非言語コミュニケーションの重要性を唱える書籍は多く出版されています。

企業・組織も同様です。企業は「法人」といわれるように、「人格」を備えた主体として存在しています。企業と経営者を同一視する傾向が中小企業やスタートアップでは顕著ですが、両者は別人格であると自覚するべきです。企業には企業の人格があります。企業も「人なり」です。ですから企業・組織にとってもイメージ、つまり見た目が重要であることは言うまでもありません。初対面の相手に不快感を与えないように、企業が見た目や外見をきれいに着飾ることを否定する立場ではありません。

今やインターネットがあまねく広がっていますから、最初の接点が企業のウェブサイトということも多いですし、リアルで名刺交換した後にウェブサイトにアクセスすることは日常茶飯事です。ですから洗練された画像や卓越したデザインでウェブサイトをきれいに着飾ることは当然のことといえます。マーケティングの視点から考えますと、これから関係を築いていくための入り口として重要です。

着飾った姿しか見せないこともマイナス

しかし、それだけでは十分ではありません。もっと重要なのは中身ですし、ありのままの姿がどうなのかがもっと問われます。「選ばれるブランディング」に取り組むためには等身大の、ありのままの姿を伝えることが欠かせません。近年の顕著な傾向として、マーケティング視点からコーポレートサイトやLP（ランディングページ）をきれいに着飾る企業は、規模の大小を問わず数多く存在しています。

ただ、残念なことに大半のウェブサイトは企業の中身が見えません。ありのままの姿が一向に見えませんし、着飾った姿しか見せていません。第3章で詳しく述べたとおり、マーケティングとブランディングは車の両輪です。きれいに着飾るだけでは片手間ですし、「選ばれるブランディング」にはつながりません。

中身を、ありのままの姿を見せられないのは「不都合な真実」を抱えているからだ、と勘繰られても仕方がありません。実際、ブラックな「舞台裏」があるから隠さざるを得ないのでしょう。そう解釈できる事例を挙げてみましょう。

菓子製造大手・三幸製菓の工場火災で死者６人

２０２２年２月11日深夜、菓子製造大手・三幸製菓の荒川工場（新潟県村上市）で火災が発生しました。約12時間後の同12日11時過ぎ、消火活動により鎮火しました。この火災による死者は最終的に６人という極めて重大な人的損害がありました。社員２人、アルバイト４人の尊い命が失われたのです。

三幸製菓は人気商品の「雪の宿」というせんべいがロングセラー商品の筆頭です。雪を印象づける、砂糖を加工した白い粉がせんべい表面の半分近くを覆っています。無類のお菓子好きの私も昔から「雪の宿」は大好きな商品でした。それだけにニュースに触れた際は、少々大げさな表現ですが、衝撃を受けました。

同社の年商は２８８億円（２０２１年３月期）で、亀田製菓に次ぐ製菓業界第２位の優良企業です。今まで商品名しか知らなかった私は、ニュースの第一報を受け、すぐに同社のウェブサイトにアクセスしました。なぜ、このような悲惨な事故が発生したのか、安全管理に不備がなかったのか、どんな組織風土の会社だったのか、どんな情報を発信していたのか、次から次へと疑問が、知りたいことが浮かんだからです。

三幸製菓のウェブサイトは「表舞台」の情報ばかり掲載

ウェブサイトは非常にきれいにつくられていました。「雪の宿」をはじめとする人気商品の情報が所狭しと並んでいました。ビジュアルもきれいで親しみやすく、ポップなデザインで楽しさを演出していました。見た目は何ら問題ありません。第一印象は好印象です。ただ、商品と会社概要という「表舞台」の情報しか掲載されていませんでした。

理念やビジョンを語る経営者、工場の様子、安全管理に対する真剣な取り組み、商品開発における苦労話や秘話、従業員やアルバイト清掃員も含む働く人の姿など、同社の「舞台裏」の情報は一切掲載されていませんでした。もしかしたら、社内報を印刷媒体で発行しているかもしれませんから、断定はできませんが。

2月13日にウェブサイトはアクセス集中という理由で一旦閉鎖され、7月21日に再開されました。現在のウェブサイトは、私の前回アクセスしたときの記憶をたどると、少々華やかさが抑えられたように見受けられます。前述のウェブサイト閉鎖後、三幸製菓の情報開示に対する姿勢を見続けていて、確信めいて言えることがあります。「舞台裏」を「見える化」して、伝えるという「選ばれるブランディング」には取り組んでいなかったに違いないだろうということです。

重大な事故の前には必ず予兆

実は三幸製菓の荒川工場では、いずれも人的被害はなかったものの、1988年から2019年までに計8件の軽微な火災が発生していました。日刊スポーツの報道（2022年2月13日17時43分）によると、7件は「燃えたものは煎餅の乾燥器や電気配線などで建物自体に被害はなかった」といいます。1件は「油釜内の油に引火して燃え広がり、『フライヤー室』29・4平方メートルが全焼」しました。「村上市の消防本部は3年に一度、荒川工場に防火のための立ち入り調査を行って」いました。

直近では2020年9月に実施し、その調査では、「自動火災報知機や避難誘導灯の作動不良、消火器の設置場所不良、屋外消火栓設備のホースの耐圧性能切れなど、多数の不備があった」そうです。その後、三幸製菓から「改修されたとの報告を受けた」としています。

リスクマネジメントの基本として、重大な事故の前には必ず予兆があることが知られています。軽微な火災を機に徹底した原因究明と再発防止策を講じていれば、今回の死亡事故は避けられた可能性が高いと見ています。9月の調査で指摘を受けたことに関しても報告義務しかありません。果たして改修されたのか。今回、甚大な火災事故が発生したことを考え合わせると、どうしても「実は改修していなかったのでは」という疑念が拭いきれません。つまり、虚偽の報告だったということです。

安全管理に対する意識が希薄だった経営陣

事故発生直後、一部ネットの書き込みでは、「安い賃金で劣悪な労働環境だったのでは」との非難も見受けられました。この点は誹謗中傷だったことが、後日の毎日新聞の報道（2022年2月21日9時20分）で明らかになりました。

報道に接し、清掃アルバイトで働いていた高齢者たちは、働きがいを感じていた様子がうかがえました。夜間の場合、時給は1500円。条件もよく、10年以上働く高齢女性も多くいたようです。生きがいを感じ、職場の仲間とも交流が深く、仲がよかったことも報じられていました。職場での人間関係は良好で、精神面では非常に働きやすい職場だったことは間違いがなさそうです。

それだけに悔やまれるのが安全管理体制です。働く人の安全を確保することは、最も重要な企業の責任の1つです。決して、軽視したりおろそかにしたりしてはいけない最優先事項です。前述の報道によれば、出勤のスケジュールが合わず、避難訓練に参加していない人が犠牲者に含まれていた、といいます。過去8件の火災事故を起こしていたにもかかわらず、避難訓練が徹底されていなかったのです。このことは働く人たちの安全管理に対して、企業側、経営陣の意識が希薄だったことの証左といえます。

危機管理広報の鉄則

それだけではありません。事故発生後の三幸製菓における情報開示と説明責任は極めて不十分だったと言わざるを得ません。遺族の立場と、警察と消防による調査を理由に詳細な情報を一切明かさずにいました。

危機管理広報（＝クライシス・コミュニケーション）では鉄則といえる行動があります。事故・事件発生後、企業は速やかに記者会見を開き、代表者自らが登壇します。事の経緯を時系列で説明し、現時点で判明している原因も詳らかにします。これらすべてを会社の「公式見解（ポジションペーパー）」として記した書面を参加した記者たちに配布します。質疑応答の時間もしっかりと確保し、最後には、次にいつ会見を開くのかを伝えて終了します。

三幸製菓はどうだったのか。第1報が2月13日19時、お詫び文のみをウェブサイトに掲載、その後第2報で生産停止、第3報で外部の専門家を交えて事故原因分析と対策検討を進めることを文書のみで公表しました。第1報から第3報まではいずれもA4用紙1ページで、記者会見は開かずウェブサイト上での公表のみです。「遺族のため」と公言し、報道関係者に対して説明責任を避けていました。

では、遺族や同僚たちにはしっかりと説明責任を果たしていたのでしょうか。答えは「ノー」です。前述の毎日新聞では、十分な説明がないことに「犠牲者の遺族や同僚らは悲しみと怒り、不信感を募らせている」と報じています。

究明されない事故の根本原因

新潟日報（2022年2月22日10時）によると、三幸製菓の佐藤元保・代表取締役CEOは取材には、無言でした。「県内に拠点を置く報道各社が加盟する新潟司法記者クラブが18日、記者会見の早急な開催を求めて文書で申し入れたが」、開催の予定はないと回答した、ともしています。この時点では、書面での公表はウェブサイト上のみで行っています。同月25日、初めて代表取締役CEO佐藤元保の名前で今回の事故に関して、4月21日、同様に生産再開に関して公式見解を開示しました。

情報開示したものの、公表資料「当社荒川工場における火災発生についてのお詫び及び当社の対応について」（2022年2月25日）に書かれている一文がどうにも気になって仕方がありません。「荒川工場は操業して40年になりますが、敷地内にて焼・味付工程の味付乾燥機設備内のせんべい屑焼損のインシデントが複数回発生」した事実は明記しているものの、「その度に消防当局の指導のもと、工程の安全性の向上に努めて」きたとしています。

しかし、「向上に努めて」きた足跡、過程がまるで書かれていません。何を、どこをどのように改善し、どの工程においてどんな安全性向上の取り組みをしたのか。一切記されていないし、明かされていません。私の見方がひねくれているだけかもしれませんが、にわかには信じ難いのです。前述したとおり、報告義務しかありませんし、直近の消防立ち入り検査でもいくつかの不備があった事実とも照らし合わせると、なおさら信じられません。「工程の安全性の向上に努めて」いなかったと考えざるを得ません。

2つの書面（2月25日、4月21日）からは一見誠実な姿勢がうかがえます。しかし、経営陣の心のありようや決定的な安全意識の欠如など、容易に想像できる事故の根本原因といえる深層部分に一切触れていません。究明しようとする意思や気概は一向に見えてきません。その原因究明に対する甘さとそれを裏付けるあいまいな表現から、おそらく重要な事実を隠しているだろう、と私は即座に推測しました。

火災事故発生から約3か月半後に開催された記者会見

事実、その後の「荒川工場火災事故調査委員会」による調査報告書（12月15日公表）の中で、同工場では火災報知器が警報音を発することが年に数回（２０２２年1月だけで5回）起こっていたことを明らかにしています。社員・アルバイトの人たちは警報音の大部分が誤報と受け止める傾向にあったといいます。この事実は、指摘された火災報知器の作動不良が改善されていなかったことを物語っています。何度も危険信号が発せられていたにもかかわらず、「安全性の向上に努めて」こなかったのです。

佐藤ＣＥＯは5月31日（火）16時から記者会見を開きました。遺族や報道機関から再三再四記者会見を求められ、ようやく開催に至りました。すでに火災事故発生から約3か月半が経過していました。会見は佐藤ＣＥＯ一人が登壇、3時間を超えたそうです。次の書類2点が配布され、翌日ウェブサイトで公表されました。

・火災事故調査委員会から受領した調査報告（1次報告）について
・三幸製菓による再発防止策の実施及び計画内容について

「選ばれるブランディング」への一歩を踏み出せない

その後、三幸製菓はどんな情報を公開したのか。前述のとおり7月21日にコーポレートサイトを刷新し、公開しました。しかし、閉鎖前と同じく「表舞台」の情報しか掲載されていません。誰もがアクセスできるニュースルームのようなページやサイトはありません。「舞台裏」の情報、魅力あふれる熱量を帯びた、働く人や関わる人たちの息遣いがを感じられるコンテンツを集積・蓄積できる場所は開設されていません。残念ながら「選ばれるブランディング」への一歩を踏み出せていません。

荒川工場以外の2工場では6月27日に生産を再開し、7月25日より一部商品を販売すると、（ウェブサイト刷新の同日）公表しました。続いて、荒川工場での生産を同12日より7か月ぶりに再開すること、10月10日より主要商品の販売を再開することをそれぞれ9月1日と16日に発表しました。

そして、12月15日に「三幸製菓株式会社 荒川工場Fスタジオ 火災事故調査報告書（一部要約版）」を公表しましたが、出火の原因については推認するしかできないとしています。この段階でも行政機関は最終的な調査結果を公表できずにいたからです。同時にマスメディア各社の報道により、捜査関係者への取材より経営陣が複数回にわたり事情聴取されていたことが判明しました。

２０２３年2月11日で火災から丸1年が経ちました。いまだに出火の原因は明らかになっていません。三幸製菓は非公開の供養式を同日に行ったことを各社は一斉に報じています。これら報道によると、前述した会社側の一連の対応や姿勢に接し、遺族の中では会社側に強い不信感を抱き、怒りや悲しさを募らせままの人たちもいます。佐藤ＣＥＯは辞任の意思はないといいます。三幸製菓の未来には暗雲が立ち込めていると言わざるを得ません。

危機発生があらわにする企業姿勢や関係の深度

「舞台裏」とは、誰に目にも明らかな、今ここに現れた事実に至る背景や経緯、過程のことも指しています。「舞台裏」を見せられない、明かせない企業・組織は真の意味での信頼を獲得することはできません。日常的に関わっている社員、顧客、取引先などから共感を得られていないことは自明の理といえます。

普段から「舞台裏」を「見える化」する取り組みができていない企業・組織は、いざというとき、ここぞというときに信頼を失います。肝腎要なときに、ピンチに直面したときに利害関係者から選ばれない事態に陥るのが必定と知るべきです。

利害関係者とは価値を共に生み出す仲間である、と本書では何度も繰り返し主張してきました。仲間たちと信頼関係を築けているかどうかが、理念・ビジョンに共感しているかどうかが、企業価値を決定づけるのです。

そもそも信頼関係を築けていなかったという事実が、危機に直面すると隠すことができず、露呈してしまうということです。危機発生により、企業姿勢や関係の深度があらわになったのです。読者の皆さんも、「仲間たち」との関係を総点検してみてもいいかもしれません。

登場人物1人ひとりの「舞台裏」に光を当てる

本章で事例として読み解いた、トヨタ自動車やマンション管理代行を営む中小企業の取り組みに「選ばれるブランディング」の本質が体現されていました。

最後に全章を振り返り、整理してみましょう。

ブランドとは機能的価値と情緒的価値で構成されています。本書で繰り返し伝えたとおり、企業が発信する2種類の公式情報のうち、「表舞台」の情報は機能的価値を形成するためには欠かせません。情緒的価値（感性価値）を形成するためには情緒的な側面の情報、すなわちもう1つの公式情報である「舞台裏」の情報、人的魅力を伝え続けなければなりません。欧州のラグジュアリーブランドと日本の老舗企業の決定的な差は、「舞台裏」を「見える化」したかどうかの違いといえます。

自社をいかに成長させられるのか、将来的に永続させられるのか。経営者たちはこれらの最適解を探し日々奔走したり、時にじっくり瞑想したりしています。そんな普段の営みの中で見過ごし見落とし、見逃してしまっていることがあります。

それは何でしょうか。

共に価値を生み出す仲間といえる関係者たち、つまり自社の物語における重要な登場人物たちのことです。

そのことに気づき、登場人物1人ひとりの「舞台裏」に光を当てることから、「選ばれるブランディング」は始まります。

おわりに

オーディション・ドキュメンタリーで魅力を心に焼き印

私が広報ＰＲを仕事にしてから、25年が経過しました。四半世紀にわたり、広報ＰＲ人生を走り抜けてきました。同時に２００４年からリスクマネジメントの専門人材を育成する団体に事務局長として関わり始めました。同団体は２０２３年12月に設立30年を迎えました。私は理事、副理事長と歩みを重ね、現在は理事長として12年目を迎えようとしています。

私は２００６年８月、ＰＲ会社を起業しました。起業後、広報ＰＲの本質を15〜20時間の講座にしながら体系化を進めました。単なる理論ではありません。中小・中堅企業、スタートアップの経営者と向き合い、寄り添い、自ら現場の最前線で実践してきたことと理論を融合させてきました。現場でもがきながら、経営戦略、広報ＰＲ、マーケティング、リスクマネジメントに至るまで、経営理論やビジネス書などを読みあさり、研究を続け、その成果を実践で証明すべく歩んできました。その道のりは決して楽なものではありませんでした。

現在では私が経営するＰＲ会社のサービスの一環として、合計34時間（２４５講座）に及ぶｅラーニング講座を集大成の位置づけで提供しています。ブランディングするための理論とノウハウ、そのエッセンスをすべて詰め込んでいます。25年のノウハウを惜しみなく伝えています。振り返ってみると、起業後、３０００人を超える経営者、広報パーソン、主婦、学生などにブランディングの本質を伝えてきたことになります。

私には子どもが3人います。末っ子の次女は現在（2023年12月時点）大学4年生、彼女に最近、人生で初めて「推し」ができました。ボーイズグループの「BE：FIRST」（ビー・ファースト）です。

同グループのデビューは2021年11月、まだ2年目の若い男性7人組のダンス&ボーカルグループです。SKY―HI（スカイハイ）が私財を投げ打ってプロデュースしたことで話題になりました。SKY―HIは本名を「日高光啓」といい、ラッパー、シンガーソングライター、音楽プロデューサーであり、人気・知名度も抜群の男女混合パーフォマンスグループ「AAA」（トリプルエー）の一員としても知られています。

地上波テレビの朝の情報番組が日高氏の企画に乗り、オーディションからデビューまでをドキュメンタリーとして追いかけ続けました。よくあるテレビ局主導のオーディション番組ではありません。テレビ局が企画した番組は、当然のこととして、フィクションや演出がいくつも含まれています。しかし、「BE：FIRST」誕生までの道のりは、私財を投じた日高氏が本気で日本のエンターテイメントを変えようと取り組んだ軌跡でもありました。ドキュメンタリーとは、まさしく「舞台裏」そのものです。

本書でも何度か言及したとおり、メディアは「舞台裏」が大好きです。ニュースの見出しや本文に「舞台裏」を使うことは日常茶飯事です。なぜでしょうか。それはわれわれ生活者が「舞台裏」を見たいからです。知りたいからです。日高氏は「オーディション・ドキュメンタリー」という新しい領域を開拓した、と私は見ています。

熾烈（しれつ）なオーディションを勝ち抜いただけあって、7人全員、歌もダンスもいずれも相当高いレベルだといいます。メンバーの1人は、ダンスの世界大会で4度も優勝しているほどの実力の持ち主です。次女はデビュー後にファンになりました。ビジュアルやパフォーマンスの高さなどがきっかけでファンになったことは間違いないでしょう。ただ、改めてドキュメンタリー動画を視聴し、その魅力がどんどん心に刻まれていきました。全動画の視聴後、間違いなく彼女の心には「BE:FIRST」の焼き印が刻まれていました。私もほぼすべてを視聴したのですが、このドキュメンタリーは、まさしくデビューまでの「舞台裏」を余すことなく、共有させてくれる内容でした。1人ひとりの成長、気持ちの変化、仲間たちとのつながりや絆、すべての物語が詰まっていました。これら物語にも触れることで、次女は「BE：FIRST」を「推し」として選んだのです。

私が本書で何度も繰り返し主張し続けたように、「舞台裏」を共有することで、心に焼き印が刻まれたということです。「舞台裏」を明かすことこそが、「選ばれるブランディング」の王道といえます。どうすればブランディングできるのか、と問われれば、「舞台裏を見せよ」、あるいは「ありのままの姿、等身大の姿を見せよ」と私は迷いなく答えるでしょう。言い換えれば、選ばれたいならば、「舞台裏、ありのままの姿を見せよ」ということです。これこそが本書で皆さんに伝えたいテーマでした。

「ブランディングの本質」にたどり着くまでの「舞台裏」

本書で解き明かしてきた「選ばれるブランディング」の本質は、どのように生み出されたのか。その「舞台裏」の一端を紹介しましょう。

私は、2006年8月、現在も経営するPR会社を1人で起業しました。その翌年の10月から、現在も共に歩む「相棒」が合流しました。この出会いが起点でした。思い返せば、ここからすべてが始まりました。2人の組織で実質、始まったといえます。今も彼を「相棒」として二人三脚で歩んでいます。彼と共に事業を進めるようになってから、全人格をぶつけ合ってきました。一対一で徹底的に対話することを続け、共に行動してきました。今も変わらず続けています。この体験があったからこそ、ブランディングの本質にたどり着くことができました。

出会った当時、私は10年間にわたり、広報の現場、最前線で実務を経験してきていました。広告代理店経由での仕事、IT（情報技術）や外資などの仕事もしていました。毎日のようにプレスリリースを書き、報道関係者と会い、徹底してパブリシティに取り組んでいました。当時の私は、広報PRに関してどういう認識だったのか。巷の書籍に記されている程度の知識はありましたが、まだまだ本質的な理解に至っていませんでした。

実は私は二度目の起業でした。しかし、見通しも覚悟も甘く、あえなく撃沈しました。会社は倒産、個人としても自己破産しました。

「相棒」は社会人になってから20年近く、営業の最前線を走ってきました。主に成果報酬型で生計を立てるビジネスパーソンでした。工作機械を町工場の社長たちに販売したり、中古機械を海外に販売したりしていました。営業には相当な自信を持っていました。その後、満を持して起業、社員を抱え、事務所も都心に構え、事業を展開しました。勇猛果敢に挑戦しましたが、ほどなくして会社を畳まざるを得ない事態に直面しました。

彼も私も少なくない負債を背負い、もがき、苦汁をなめる経験をそれぞれしました。どん底を味わった、という実感は2人に共通していました。そして、一緒に仕事をするようになってから、毎日のように激論を交わし、これまでの人生での経験も共有しました。お互いの「舞台裏」を知るまでに、そう長い時間はかかりませんでした。

一方、相違点も多々ありました。会社経営に失敗したことは共通していますが、それ以外のビジネスパーソンとしての経験は重なるところはありません。性格や信条、思考法などは明らかに違っていました。彼はひらめきや直感に優れ、難解な内容を単純化する能力に長けていました。初対面の人を瞬時に魅了する話術、コミュニケーション力も秀でていました。私はじっくりと深掘りし探求するほうが得意でした。つまりオタク気質でした。

もともとの性質・性格に加え、家庭環境や周りの影響、人生でさまざまな経験を積むことで培われるのが信条や価値観、思考法などです。それは、言葉ではなかなか言い表せないし、数度の対話では感じ取れません。そう簡単には理解できません。人は誰もみな、それぞれ目に見えない豊富な「舞台裏」を抱えています。

その「舞台裏」を含む全人格をもって、向き合い、一対一の徹底した対話を繰り返しました。全人格でぶつかり合いました。一献傾けながら、相棒が「そもそも広報とは何か」と問うことから始まりました。私が答えると、「それはなぜか」とまた問われます。「共感」する答えが出るまで問いかけは続きました。3、4か月間、毎晩のように繰り返し、現在の企業理念や、今も掲げるビジョンが生まれました。

一対一の徹底した対話から、2人が共感できる重要なキーワードがこれまでにいくつか紡ぎだされました。私はそのキーワードを思考の軸として、広報以外の書籍を読みあさりました。私の経営するPR会社は、クライアントを中小・中堅企業、スタートアップ企業に絞っていました。経営者たちに寄り添って、最前線の現場で広報ＰＲの実務を担ってきました。ブランディングの実務を担ってきました。

天の計らいなのか、重要なキーワードが生まれた後、時間を置かず、必ず講師として登壇する機会に恵まれました。これまでに三度ありました。そのたびに、新たに生まれた重要なキーワードを軸にした講義内容をつくり上げていきました。それぞれがなかなかのボリュームでした。一度目は全国の中小不動産経営者を対象に15時間（5時間×3回）。二度目は大阪の中小・ベンチャー企業経営者を対象に約20時間（5時間×4回）。そして、三度目は中堅企業の広報部スタッフ対象に約20時間（2時間×10回）。この三度目の講義の重要なキーワードがまさしく「舞台裏」でした。現場での実体験、一対一の徹底した対話、共感から生まれた言葉をもとにした理論。これらが融合し、化学反応する中で生まれたのが、本書で伝えてきた「選ばれるブランディング」の本質なのです。

私が実感とともに確信していることは、今まで述べてきた「舞台裏」は一橋大学名誉教授・野中郁次郎氏のＳＥＣＩ（セキ）モデルに基づくものだと言えます。ＳＥＣＩモデルは、組織の知識創造理論であり、「この世に1つだけ、知の創造プロセスを描き切った理論」だといいます。そう評したのは、早稲田大学の入山章栄教授（大学院経営管理研究科）です。同氏は著書『世界標準の経営理論』（ダイヤモンド社刊、２０１９年）の中で、こう続けています。「ＳＥＣＩモデルほど、知の創造を深く説明したモデルは存在しない」といいます。「いまビジネスの世界で大きな課題となっているイノベーション、デザイン思考、そしてＡＩとの付き合い方にまで、多大な示唆を与える。これからの時代に、不可欠な理論」だと絶賛しています。

ＳＥＣＩモデルの実践によって創造した「知」こそが、本書で解き明かしたブランディングの本質なのです。私は２０２１年初秋、同書でＳＥＣＩモデルの解説に触れました。すると、起業してからの歩みが瞬時に想起され、鮮やかに蘇り、モデルを構成する事柄の１つひとつが意味あるものとして身体に染み込んできました。

そして、今日までに「選ばれるブランディング」の本質として、次の３つのことにたどり着きました。

・企業経営の「舞台裏」は魅力の宝庫、価値の源泉である。
・「舞台裏」を見える化し、共有することで共感が生まれる。
・蓄積された共感・一体感の総和が企業ブランドである。

今も「相棒」との徹底した対話は続いています。それは例えて言うならば、お互いの周波数を合わせ、共鳴する接点を探し続けているのかもしれません。２０２１年１月からは毎週月曜にコラムを公開するようになりました。コラムは対話から紡ぎ出されたキーワードをもとに書きつづっていいます。本書で述べた内容は、このコラムをもとに大幅に加筆・修正を加えたものです。これからも対話と思索、探求を続けていくつもりです。

荒木　洋二

著者略歴

荒木　洋二（あらき　ようじ）

株式会社 AGENCY ONE 代表取締役。広報 PR コンサルタント。

中小・中堅企業、スタートアップを対象に広報ブランディングの内製化を支援する「広報人倶楽部」主宰。

広報 PR 歴 26 年。中小・中堅企業を中心に広報戦略立案、記者発表会開催、個別インタビュー設定、プレスリリース作成、社内報・広報誌作成など、広報活動全般を指南、実務支援してきた。

創業以来、「広報＝『企業の人格』形成のためのあらゆる双方向のコミュニケーション活動」を信条にメディアにとどまらず、利害関係者全般との良好な関係構築支援を手掛けながら、広報人材育成にも取り組む。500 社以上の経営者に広報ブランディングの真髄を指南してきた実績がある。

リスクマネジメント専門人材を育成する NPO 法人日本リスクマネジャー＆コンサルタント協会（RMCA）の事務局長に 2004 年就任。2009 年理事兼事務局長、2011 年副理事長を経て、2013 年より理事長、現在に至る。RMCA は 1993 年 12 月設立。

2015 年、日本広報学会で『企業経営における新しい価値創造フレームワーク「PFEC サイクル」　～中小企業経営にパブリック・リレーションズとリスクマネジメント を定着させるために～ 』を発表。

企業ブランディングを推進するため、2019 年よりニュースルームの導入・普及を牽引。

選ばれるブランディング・選ばれないブランディング
企業ブランド力向上の鍵を握る「舞台裏」

2024年 1 月22日　初版発行

著　者　荒木　洋二　© Yoji Araki

発行人　森　　忠順

発行所　株式会社 セルバ出版
〒 113-0034
東京都文京区湯島 1 丁目 12 番 6 号 高関ビル 5 B
☎ 03（5812）1178　　FAX 03（5812）1188
https://seluba.co.jp/

発　売　株式会社 三省堂書店／創英社
〒 101-0051
東京都千代田区神田神保町 1 丁目 1 番地
☎ 03（3291）2295　　FAX 03（3292）7687

印刷・製本　株式会社 丸井工文社

ISBN978-4-86367-869-9